먹는 우리

KB064173

먹는 우리
먹는 우리가 고민해야할 것들

이용재
〈먹는 우리〉 구성원 함께 씀

중림
서재

서문
음식 공부를 할 때 생각해야할 것들

인사드리겠습니다. 음식평론가 이용재입니다. 우리는 굉장히 많은 음식을 보며 살아갑니다. 우리 앞에 음식은 늘 널려 있고, 우리는 그것들 중 어떤 것을 먹을지 선택합니다. 근데 실제로는 우리의 선택은 굉장히 제한되어 있기도 합니다. 오늘 여러분이 점심에 뭘 드셨는지 모르겠지만, 대체로 제한된 반경과 시간 내에서 선택을 할 수밖에 없겠죠. 배달음식이나 편의점은 말할 것도 없고, 음식점도 갈수록 선택의 폭이 좁아지고 있습니다. 저도 작년 내내 책을 썼거든요. 매체 같은 데 내는 원고를 쓰는 것과 별개로 또 책을 위한 원고를 씁니다. 그러다 보면 엄청 바빠지잖아요. 그럼 이제 저는 소위 '밥머리가 안 돌아간다'는 표현을 씁니다. 저는 엄청 계획을 세워서 식사를 한다기보다, '오늘은 이런 게 먹고 싶다' 그러면 할 수 있는 정도의 기본적인 자원들을 갖춰놓고 살고 있습니다. 근데 그 자원들에 대해서 생각하고 계획하는 게 안 되는 거죠. 저는 못하는 음식은 없습니다만, 요리가 안 되는 거예요. 그래서 저도 작년에는 배달음식을 많이 먹었어요. 또 스트레스를 받으면 그런 음식이 먹고 싶기도 하고요. 제가 술을 많이 마시거나 그러는 건 아닌데, 책을 쓰면 꼭 건강이 나빠집니다. 병원에 가면 의사 선생님은 '왜 이러냐?' 질문을 하시는데, 그럴 때마다 전 '제가 책을 써서 그렇습니다'라고 답변을 합니다.

저희가 이 모임에서 총 세 권의 책을 읽으며 음식에 관해 공부할 텐데요. 굉장히 극단적으로 말하면, 이 책들에서 말하는 해답은 다 정해져 있어요. 요리를 할 줄 알아야 하고, 채식을 많이 해야 한다는 거죠. 근데 제 입장에서 이런 책들을 읽다 보면 좀 성질이 납니다. 막말로 유럽-미국-백인들은 지금까지 세계를 식민지화해서 편하게 잘 살고, 환경오염도 자기들이 실컷 다 해놓고 이제 와서 '잘 살려면 이렇게 해야 돼'라고 얘기하는 것 같으니까요. 못 마땅하죠. 그런 점도 있고 또 한편으로는 이 책들이 말하는 것들을 우리 일상생활에서 구현하기가 쉽지 않아요. 제가 오늘 첫 모임에 쿠키를 구워온 것처럼 저도 음식을 할 줄 압니다. 그러니까 여러분들하고 그나마 음식 이야기를 할 수 있는 거고요. 자취 20년 차이기도 하고, 김치도 담가 먹습니다. 농담으로 주변에 '내가 집밥의 왕이야!'라고 말할 때도 있는데요. 사실 그렇기 때문에 더 잘 알죠. 이러한 책들에서 말하는 좋은 요령들이 생활인으로서 살아가면서 하기는 정말 쉽지 않다는 걸요. 사실 이러한 책들이 말하는 내용들을 저는 다 알지만, 한편으로 그것들을 실천하는 것이 엄청나게 힘들다는 것도 알고 있습니다. 그래서 이 책의 내용을 우리 생활에 어떻게 적용시킬 것인지 설명하고, 책의 내용과 우리 일상 사이의 균형을 어떻게 잡을지 안내하는 게 이 모임에서 저의 역할이라고 생각합니다.

저희가 앞으로 읽을 세 권의 책을 간단히 소개하자면, 두 권은 역사서입니다. 근데 음식에 관한 역사서라는 게 얘기하는 것들이 큰 틀에서는 비슷합니다. '인류가 어떻게 해서 지금까지 왔는가?'라는 질문에 관해, 자연과 대항하고 극복하면서 농업이나 목축업을 바탕으로 정주된 삶을 살기 시작하고, 그러면서 잉여가 많이 남게 되고, 그러한 것들을 어떻게 소비하느냐에 관한 문제들이 우리의 식단을 바꿔놓았고, 그게 환경에도 영향을 미친다는 거죠. 그래서 이 두 책들도 약간 겹치는 부분이 있지만 한 권은 비교적 개인의 실천에 방점을 두고 있고, 다른 한 권은 음식을 둘러싼 사회구조적 환경을 비판하는 데에 방점을 두고 있습니다.

첫 번째 책인 비 윌슨의 《식사에 대한 생각》은 제가 보기에는 '식사'라는 키워드로 개인의 실천에 방점을 둔 책입니다. 우리가 이렇게 잘 먹고 잘 살게 됐음에도 불구하고 사실 우리의 식사는 갈수록 납작해지고 있다고 이 책에서는 말합니다. 이 책을 읽고 대화하면서 우리는 이 현실을 어떻게 받아들여야하고, '식사'라는 것을 어떻게 생각해야할지 얘기하게 될 거예요. 두 번째 책은 마크 비트먼의 《동물, 채소, 정크푸드》라는 책입니다. 《식사에 대한 생각》보단 음식에 관한 더 장대한 역사를 다루고 있고, 지금의 음식 산업 구조에 관해 비판하는 도발적인 책입니다. 사실 세 번째 책이 제일 고민이었어요. 앞선 두 책에서 기본적으로 이야기하는 게, 우리의 식생활을 바꾸기 위해서는 기본적으로 요리를 좀 할 줄 알아야 된다고 얘기를 해요. 음식을 공부하는 데 가장 좋은 방법은 직접 요리를 해보는 것이니까요. 그래서 정한 책이 유기농 레스토랑 '셰 파니스'*의 셰프 출신 사민 노스랏의 《소금 지방 산 열》이라는 요리책입니다. 요리를 하기 위해서 우리에게 기본 사항들을 얘기해줄 만한 책이 무엇이 있을까 찾은 끝에 이 책으로 결정하게 되었습니다. 세 번째 모임을 진행하기 전에 이 책에 나와있는 레시피로 우리가 직접 요리를 해볼 거예요. 단, 이 책이 조금 아쉬운 것은 우리 한국의 식생활에 적용하기에는 조금 안 맞는 부분들이 있다는 점이에요. 이 부분도 모임을 진행하면서 같이 이야기해나가면 좋을 것 같습니다.

---

* 1971년 미국 샌프란시스코 버클리에서 앨리스 워터스가 연 캘리포니아 요리 전문 유기농 레스토랑. 앨리스 워터스와 셰 파니스를 계기로 미국 슬로푸드 운동은 확산의 계기를 맞이할 수 있었다.

일러두기

· 본문에 실린 모임은 2023년 1월에서 3월까지 진행되었습니다.
· 본문 중 책 제목은《 》로, 논문과 잡지명, 영화와 드라마, TV 프로 그램 제목은 〈 〉로 표시했습니다.

1장

나:

음식과 요리에 관한 자의식 찾기

세계는 점점 더 부유해지는데 우리의 식탁은 왜 갈수록 가난해질까? 이 책의 저자 비 윌슨은 전례 없는 풍요 속 빈곤의 식생활을 누리는 우리의 현실을 진단한다. 현재 우리는 전지구적으로 폭 넓은 음식과 식재료의 선택이 가능하지만 실제로 우리가 먹는 음식은 그렇지 못했던 시대에 비해 초라하다. 그런 현실에 이르기까지의 과정을 살펴보고, 더 건강하고 풍요로운 식생활을 위한 가능성을 타진해보자.

《식사에 대한 생각》
비 윌슨 지음, 김하현 옮김, 어크로스

대화에 자주 등장하는 개념

표준 식사자

미국의 식물 다양성 전문가 콜린 코우리(Colin Khoury)가 이끄는 연구팀은 1960년 이후 어느 국가에 살고 있든 비슷한 재료로 비슷한 메뉴를 먹는 현상이 증가하며 우리 식생활에 엄청난 변화가 일어났음을 확인했다. 코우리 팀은 이런 현상에 '세계 표준 식단'이라는 이름을 붙였는데, 표준 식사자란 '세계 표준 식단'을 먹고 있는 사람들을 일컫는다. 가령 나라별로 다양했던 전통 식단이 현대로 올수록 보편적으로 달고 짜지고 있으며, 점점 더 전 세계가 쌀과 밀, 육류로만 구성되는 식단으로 바뀌고 있다.

마크로비오틱

동양의 자연사상과 음양원리에 뿌리를 두고 있는 식생활법으로 본인이 있는 땅에서 자란 것들을 섭취해야한다는 '신토불이'의 정신과 버리는 것 없이 식품을 있는 그대로 섭취해야 한다는 '일물전체' 등의 원칙을 지키며 유기농 곡류와 채식을 권장하는 식사법이다.

초가공식품

염분·당분·지방·첨가물 등이 많이 함유되어 공업적으로

생산된 식품으로, 청량음료·스낵류·정크푸드·인스턴트 식품 등이 이에 해당한다. 일반적으로 초가공식품은 다국적 기업 및 기타 초대형 기업이 특정 유형의 식품을 가공을 거쳐 생산한다.

나와 우리의 식사를 어떻게 건강하게 만들 것인가?

이용재 안녕하세요, 저는 중립서재 〈먹는 우리〉의 모임장을 맡은 이용재입니다. 저희가 앞으로 세 번 만나며 같이 음식 책을 읽고, 얘기를 나누게 될 텐데요. 먼저 돌아가면서 각자 자기소개를 하면서 서로를 알아가는 시간을 가지면 좋겠어요.

송원경 안녕하세요, 송원경입니다. 저는 가정교육과를 나와서 가정 선생님을 하다가, 결혼하고는 가정 요리 선생님과 푸드스타일리스트 등으로 활동하다가 2001년부터는 주로 대학에서 요리 관련 강의를 했습니다. 그리고 10년 전부터는 요리 전문 직업 학교에 들어와서 행정 위주로 일을 하고 있어요. 모임장님께 제출한 자기소개서 직업란에 요리연구가라고 쓰긴 했지만, 근래 10년 정도는 요리에서 떨어져 일반인처럼 음식과 요리를 바라보고 있습니다. 또 과거와는 다르게 지금은 직장인의 삶을 살다 보니, 옛날처럼 제가 스스로 요리를 해 먹을 시간이 없더라고요. 학교 급식이나 배달 음식을 많이 먹고 있고, 또 직장에서는 스트레스받고 과로하다 보니 요새 건강이 좀 나빠졌어요. 그래서 요새는 '건강한 요리'에 관심이 많아졌습니다. 제가 원래 메디컬 푸드나 마크로비오틱 이런 쪽에 관심이 많았거든요.

　근데 '건강한 맛'이라고 하면 사람들이 일단 다 싫어하잖아요. (웃음) 그래서 '건강한 요리'라는 걸 제 일과 어떻게 결합하면 좋을까 찾다가 '교육'이 떠오르더라고요. 저는 아이들에게 어렸을 때부터 '음식 교육'을 시키는 게 중요하다고 생각합니다. 그래서 지금 가르치는 학교에서도 학생들에게 텃밭 교육도 하고 있는데, 사실 더 어린 단계의 아이들부터 '건강한 음식'에 관한 교육을 받아야 그게 자연스럽게 일상에 녹아 들어갈 수 있을 것 같아요. 앞으로 제 경험으로 그런 쪽으로 일해보고 싶은 생각이 있고, 그런 '건강한 요리와 음식'에 관해 공부하는 기간으로 삼고자 이번 중림서재 모임에 참여하게 됐습니다.

이용재 네, 지금 말씀하시는 부분이 이 책의 내용에 반영되면 참 좋겠네요. 그러니까 이 책을 읽고 교육을 염두에 두고 계신다면 어떠한 내용들이 필요하다거나 이러한 쪽으로 발언을 정리하실 수 있으면 참 좋을 것 같아요. 다음 하림 님?

이하림 안녕하세요, 이하림입니다. 저는 어린이책 편집자이고, 채식 디저트 카페를 운영하면서부터 먹거리와 환경에 대한 고민을 해왔던 것 같아요. 결혼을 하고 카페를 정리하게 되면서 그런 고민을 좀 놓고 살다가 아이를 낳아 키우면서 다시 관심을 가지게 되었어요.

아이는 현재 공동육아 어린이집에 다니고 있는데, 그곳에서는 자연과 먹거리를 가장 중요하게 생각하거든요. 원경 님이 말씀하신 것처럼 아이들에게 텃밭 교육을 하고, 어떤 것이 좋은 먹거리인지 선택하는 방법도 알려줍니다. 처음엔 그저 산으로 들로 놀러 다니고, 유기농 급식을 한다고 하니 보냈던 거라 이러한 교육이 영유아에게 의미가 있을까 의문이 들었어요. 하지만 올해 운영이사를 하면서 어린이집 살림을 살아보니 부모들이 계속해서 먹거리에 대해 치열하게 논의하고 그 결과를 교사들과 아이들에게 나누는 일이 중요하구나 생각하게 됐습니다. 일반 어린이집 아이들이 식사는 살아가기 위해 반드시 해야 하는 일로 인식하고 있다면, 공동육아 어린이집 아이들에게 식사는 생활의 일부이자 내 몸에 좋은 것을 선택하는 일이라고 생각하거든요. 그게 참 신기하면서도, '아, 이러한 교육이 영유아 시기에서부터 시작된다면 우리 미래에 큰 변화가 생기겠다.' 안타깝기도 하더라고요.

그래서 이곳에서 여러분들과 함께 좋은 먹거리에 대한 이야기도 나누고, 그 변화의 첫걸음이 이 모임이면 어떨까 싶어 참가하게 됐어요. 물론 모임장님에 대한 열렬한 팬심도 있었지만요. (웃음) "어떤 것을 선택하고, 어떤 것을 먹어야 할까?"에 대해 같이 대화하는 모임이 되었으면 좋겠습니다.

이용재 그러면 비건 카페 운영하시면서 직접 채식 베이킹 같은 것도 하신 건가요?

이하림 네, 당근 케이크, 채식 초코케이크 이런 것들을 했죠. 그리고 커피를 못 마시는 사람을 위해서 보리 커피 같은 대체 식품들을 했었고요.

이용재 그러면 채식 카페를 운영하실 때 실제로 하림 님 개인 식단도 채식으로 운영하신 거예요?

이하림 부분적으로 채식을 하긴 했지만, 완전한 채식은 아니었어요. 동업자가 저와 가장 친한 친구였고, 저는 채식주의자가 아니지만 그 친구는 건선이라는 피부 질환을 앓으면서 채식은 선택한 거였거든요. 그래서 그 친구와 식사를 할 때는 항상 저도 채식을 하게 되었던 거죠.

이용재 네, 좋습니다. 다음은 우리 남윤 님 이야기 한번 들어볼까요?

김남윤 저는 사실 살면서 말씀해 주신 분들처럼 음식하고 직접적인 연관이 있는 일을 하지는 않았어요. 저는 대학교 학부에서 철학을 전공하고, 영화감독이 하고 싶어서 독립영화 일을 하다가 지금은 생각이 바뀌어서 다른 진로를 알아보는 중입니다. 당장은 스타트업에서 유튜브 편집자로 일하고 있는 상태고요. 음식을 먹는 거는 좋아하는데, 음식 자체에 대한 문제의식을 갖고 알아보기 시작한 것은 비교적 최근의 일이에요. 우리가 먹고 있는 음식들이 어디서 왔고, 또 음식을 둘러싼 문화적이고 역사적인 맥락들을 알고 싶었고, 21세기의 급변하는 흐름 속에서 음식을 파악하는 일이 좀 중요하지 않나? 그런 생각이 들더라고요. 제가 속한 지식 크리에이티브 그룹에서 〈델타월딩〉이라는 외교안보 전문 뉴스레터를 만들고 있는데요. 거기서 작년쯤에 '지속가능성' 이슈를 가지고 뉴스레터를 하나 발행한 게 있어요. 그때 발행한 뉴스레터가 던진 질문이 결국 '우리가 자본주의의 흐름 속에서 끊임없이 먹고 소비하는 이 과정이 지구 환경에 얼마큼 이제 영향을 끼칠까? 그리고 과연 우리가 100년 후 200년 후에도 계속 이런 식으로 살 수 있을까?'였거든요. 이 문제에 관해 개인적으로도 좀 더 공부해보고 싶다는 생각이 들었어요. 우리는 음식을 되게 당연하게 알고, 또 아무렇지 않게 소비하는데, 그 이면에 어떤 구조와 문화적인 맥락, 기술적인 측면들이 있는지를 알고 싶습니다. 그렇게 해야 음식을 더 객관적이고 비판적인 시각으로 바라볼 수 있다는 생각이 들어요. 음식 자체만을 놓고 따로 공부한 적은 없어서 이번 기회에 음식을 좀 탐구를 해봤으면 좋겠어요. 그래서 비록 나라는 개인 한 명이 세상을 바꾸기는 어렵지만 최소한 내가 먹고 소비하는 게 어떤 맥락에서 이루어지는지는 알아야 앞으로의 선택들도 좀 능동적으로 할 수 있을 것 같다는 생각이 들어서 참여하게 되었습니다.

이용재 그러면 남윤 님은 평소에 식사를 어떻게 하세요?

김남윤 영화할 때는 대부분 밖에서 사 먹는 삶이었죠. 지금은 부모님하고 살아서 주말이나 이럴 때 식구들하고 차려 먹는데, 영화 일할 때는 거의 집에서 밥을 먹은 기억이 없어요. 촬영차 지방을 가거나 어디 밤샘 촬영한다고 그러면 대부분 싸구려 도시락이나 김밥 한 줄로 때울 때가 많았어요. 그래서 사실 음식을 건강하게 먹는 생활이 더 잘 안되는 게 있었어요. 지금은 어쨌든 출퇴근을 하니까 식구들하고 좀 건강하게 먹으려고 하는데, 저도 직장인이니까 평소에는 일 때문에 어려운 점은 좀 있죠.

이용재 아직 젊으시니까 차차 바뀌나가면 될 것 같아요. 그러면 본격적인 요리는 아예 해보신 적이 없는 거죠?

김남윤 네, 요리는 해본 적 없고요. 군대를 취사병으로 갔다 오긴 했는데….

이용재 (놀라며) 네? 왜 자기소개서에 안 쓰셨어요?

송원경 굉장히 중요한 얘기인데요. 엄청난 능력자네.

이하림 그러니까요. 그게 요리의 경험인데요. 그것도 그 많은 인원의 식사를….

김남윤 이게 제가 해보니까 '요리'라고 느껴지진 않더라고요. 벽돌 나르는 것에 가까워서….

이용재 그렇군요. 그래도 그때 경험이 몸에서 완전히 사라지진 않았을 거예요. 취사병 얘기는 앞으로 더 해주세요. 자, 그러면 본격적으로 《식사에 대한 생각》 얘기를 해보죠. 책은 모두 어떠셨나요? 저는 읽으면서 '우리가 이 책을 우리 모두의 식생활을 위한 거울처럼 생각하면 어떨까?' 생각이 들었어요. 저야 이런 책에 동의 안 할 수가 없죠. 다만 저는 이 책의 주장들 가령 '개인이 할 수 있다', '요리를 하자', '입맛을 바꿔보자'라는 메시지에 동의하는데, 얼마나 많은 사람들이 동의를 할 수 있을까? 라는 의구심은 있어요. 예를 들어 당장 오늘 직장 구내식당에서 식사를 해결해야 되는 직장인이 이런 얘기에 얼마나 공감할 수 있을까요? 그러니까 이 책은 어느 정도는 잘 나가다가 그 결론을 개인의 선택에게 맡기는 경향이 있어요. 근데 개인의 선택 자체가 제한될 수밖에 없는 상황이기도 합니다. 즉, 정부와 사회가 무엇을 해야 되는지에 관한 내용이 결론에 빠져 있어서, 약간 문제 해결의 논지를 흐린 느낌도 있습니다. 여러분도 이 책을 읽으면서 많은 생각을 하셨을 것 같아요. 지금 나의 식생활이 어떻고, 우리의 현실이 어떻고, 이런 얘기들을 편하게 해주시면 될 것 같습니다. 여러분들이 말씀하시는 내용들이 바로 책이 됩니다. 그 점만 생각해주시고, 말씀해주시면 될 것 같아요. 우리 원경 님부터 돌아가면서 먼저 전반적인 감상평을 이야기해볼까요?

송원경 저는 책을 너무 재밌게 읽었고요. 읽으면서 내내 '왜 이 책을 지금까지 몰랐을까?'라는 생각이 들었어요. 저는 책의 전반적인 의견에 공감합니다. 제가 작년과 재작년에 좀 많이 아팠어서 지금 식생활이 굉장히 많이 바뀌고 있어요. 저는 지금 거의 밀가루도 끊었고 그래서 식단이 많이 바뀌고 있는 상황에서 '과연 이게 맞을까?' 의구심이 있긴 했거든요. 어떻게 보면 제 몸을 실험으로 쓰고 있는 거니까요. 근데 딱히 이게 맞는지 누구한테 물어볼 분이 없는데 이 책을 보면서 '잘 하고 있는 거네'라는 생각이 들더라고요.

이용재 밀가루는 완전히 끊으신 거예요?

송원경 세 달 정도는 완전히 끊었어요. 만두피도 안 먹을 정도로요. 근데 면이 너무 먹고 싶을 때가 있어서, 두부면이나 쌀국수로 해결을 했는데….

이용재　근데 또 그게 완벽히 대체는 안 되죠.

송원경　그래서 그냥 '먹고 싶은 거 조금씩 먹자' 이렇게 바꿨는데, 마음이 가벼워지더라고요. 제가 부종이 심했어서 밀가루, 계란, 우유를 완전히 끊었는데, 계란이랑 우유는 원래 안 좋아했는데, 밀가루는 좋아했거든요. 근데 그 세 개를 끊어보니까 부종이 좀 빠지더라고요. 그래서 빵은 거의 안 먹는 상태고, 또 안 먹어보니까 그렇게 먹고 싶지도 않더라고요. 그리고 워낙에 다른 것보다 밥과 나물 이런 거를 많이 좋아했어요.

이용재　고기도 안 드시나요?

송원경　고기도 먹어요. 제가 마크로비오틱 배울 때 한 1년 반 정도 고기를 끊긴 했었어요. 근데 그러고 나서 병을 얻었는데, 병원 가서 검사를 하니까 영양 부족 결과가 나온 거예요.

이용재　아, 진짜요?

송원경　네, 단백질 부족이었던 거죠. 너무 창피했어요. '음식을 했었다는 사람이 왜 이런 결과치를 얻나….'

이용재　아, 단백질 부족….

송원경   그래서 단백질 음료를 먹었는데, 거기에도 또 뭐가 많이 들어가 있잖아요.

이용재   그렇죠. 설탕 대신에 대체 감미료가 들어가 있거나 그렇죠.

송원경   그것 때문인지 삼킬 때 또 목에 걸리는 그 느낌이 너무 싫어서 못 먹겠더라고요.

이용재   그 걸쭉한 느낌!

송원경   그래서 단백질 음료는 완전히 끊었고, 그냥 영양소에 맞게 음식으로 잘 챙겨 먹고 있어요. 지금은 고기나 생선도 잘 먹고, 냉동 제품으로 나온 것들만 거의 끊고 있는 상태예요. 지금부터 한 3년 동안 몸을 잘 만들어야지 50대를 넘어서도 건강하게 살겠더라고요. 이제 일도 줄이고, 곧 은퇴하려고 합니다. 건강과 음식에 신경 쓰면서 1~2년 정도 저를 위해 살아보려고 해요.

이하림   대단하시다!

이용재   좋네요. 이게 밀가루 이야기가 나오면 그런 생각을 해요. 사실 이 책에서도 나오지만, 통곡물을 먹을 수 있는 기회가 좀 많아지면 오히려 밀가루에 대한 거부감이 줄어들 것 같아요. 서양에는 통곡물 빵들, 가령 통밀 빵이나, 스펠트밀* 같은 것들로 빵을 만들고 있잖아요. 그러면서 제빵의 기술도 한 단계 정도 넘어갔어요. 원래 제빵할 때 통밀이 굉장히 어렵습니다. 왜냐하면 흰 밀만큼 글루텐이 활발하게 형성이 안 돼요. 그래서 빵이 굉장히 덜 부푸는 경우가 많죠. 저도 집에서 제빵을 할 때에는 통밀을 50% 이상 안 섞어요. 많이 실험을 해봤는데, 100% 통밀은 굉장히 손이 많이 가더라고요. 미리 반죽을 불리고 발효를 미리 시키고 이래도 너무 거칠다 그래야 되나? 그런데 서양에서는 적당히 통밀을 잘 쓰면서 기술자들이 맛있게 만드는 단계까지 갔는데, 우리는 아직 건강식, 다이어트식의 범주 안에 갇혀 있는 것 같아요. 제가 작년에 특히 통밀빵을 많이 사 먹어봤어요. 통밀 100%인 빵들, 즉 '기름도 안 쓰고 계란도 안 쓰고, 버터도 안 쓰고 아무것도 안 썼습니다'라고 슬로건을 다는 빵들은 골판지 같더라고요.

이하림 종이 씹는 맛이 나죠.

이용재 드셔보셨죠? 거기에다가 원래 그런 제빵에는 설탕 자체를 잘 안 씁니다. 근데 우리는 설탕을 안 쓰는 대신 스테비아나 알룰로스 같은 대체 감미료 같은 걸 써서

---

* 독일밀. 아주 오래된 밀 품종으로 여타 밀 종류들과는 달리 갈색 알곡이 마치 보리나 귀리처럼 왕겨에 강하게 달라붙어 있다.

만드니까 그 맛이 안 나죠.

<u>이하림</u>   그 인공 감미료의 화한 맛이 있어요.

<u>이용재</u>   네, 그래서 저도 작년에 열심히 통밀빵을 사먹다 포기했는데, 원경 님 말씀 듣고보니까, 우리가 하고 싶은 것, 우리가 먹고 싶은 욕망에 비해서, 아직 자원이 좀 덜 받쳐주는 게 아닌가라는 생각이 드네요. 원경 님께 궁금한 거 한 가지만 여쭤볼게요. 제가 세 분께 '음식과 나'라는 주제로 글쓰기 과제를 내드렸는데, 다들 너무 잘 써주셨어요.* 글에서 원경 님이 자연식이나 보양식을 말씀하셨잖아요. 원경 님이 생각하시는 자연식이나 보양식은 어떠한 음식이 될 수 있을까요?

<u>송원경</u>   저는 요새는 24절기 제철 음식 같은 게 먹고 싶더라고요. 신경을 써서 그러는지, 절기마다 먹고 싶은 게 생겨요. 전에는 '요즘 세상에 제철 음식이 있어?' 이렇게 생각을 했었는데 또 민감하게 보니까 있더라고요! 그래서 그런 걸 그냥 자연식으로 보고 있고요. 보양식은 제가 사실 닭고기도 안 좋아하고 계란도 안 좋아하는데, 희한하게 몸이 너무 피곤할 때 삼계탕을 먹으면 기운이 날 때가 있어요. 그래서 '내가 삼계탕은 맞나?' 이렇게 생

* 각 장의 대화 종료 후 나오는 글인 '음식, 내가 섭취한 것의 결정체', '음식, 축복과 저주 사이', '음식과 나의 관계' 참고.

각했죠.

이용재 그럼 한국의 전통적인 개념에서의 보양식을 말씀하시는 거네요?

송원경 그렇기도 하지만 또 먹어봤을 때 안 좋은 건 보양이 안 될 수도 있는 거잖아요. 그래서 저는 제 몸을 갖고 실험 중인 거죠.

이용재 좋네요. 드시고서 내 몸이 어떻게 반응하는가 이런 거를 보시는 거죠?

송원경 네, 그렇게 제게 보양이 되는 음식들에 대한 경험치를 획득하고 있는 거죠.

이용재 절기에 따라서 챙겨 드시는 게 생각보다 어렵진 않으세요? 지금도 냉이, 달래 나오는 때가 됐는데.

송원경 처음 1년은 어려웠어요. 그러니까 작년까지만 해도 좀 어렵다 싶었거든요. 근데 작년 하반기부터는 쉬워졌어요. 그래서 그냥 잘 찾아서 먹고 있어요.

이하림 제철 음식 달력이 있어요. 저희 어린이집에서 단체로 다 구매를 했거든요.

이용재 그렇군요. 그럼 식재료는 마트 같은 데서 사시는 거죠?

송원경 그렇게도 하고, 제가 또 금란 시장 근처에 살거든요. 그러니까 할머니들 다듬어 놓으신 것도 있고 해서 제철 음식 챙겨먹는 게 그렇게 어렵지는 않았어요. 그리고 요새 마켓컬리도 제철음식이 너무 잘 나오더라고요. 마켓컬리에도 제철음식에 관해서 생각을 갖고 농사짓는 분들이 있잖아요? 그것도 잘 활용하고 있어요. 그리고 그 어글리 채소?

이용재 아, '어글리어스'*요?

송원경 그것도 해봤는데 저희 가족이 그걸 다 못 먹더라고요. 제가 일을 하면서는 주말에 챙겨 먹지만, 주중에 거의 학교 식당에서 그냥 먹고 하니까요. 그래서 주중에 있는 게 또 다 시들시들해지고 그러더라고요.

이용재 지금 계시는 학교는 대학교인가요?

송원경 네, 전문학교 애들 기술 가르치는 학교요.

* 어글리어스 마켓은 '못난이 농산물'로 불리는 규격 외 농산물을 채소 박스 형태로 배송해 주는 소비자 직거래 서비스이다.

이용재 학교 식당은 어떤가요?

송원경 다 냉동식품이죠.

이용재 학교 식당은 그렇군요.

송원경 단가를 맞춰야 되고, 또 그들은 외주니까요.

이용재 그렇네요. 하림 님은 어떻게 읽으셨나요?

이하림 일단 '표준식사자' 같은 개념은 저희가 이런 책을 읽지 않는 한 그런 게 있는지조차 모를 만한 것들이잖아요. 그런 부분이 너무 흥미롭더라고요. 책의 앞부분에는 현대 식문화에 대해 비관적으로 서술하는 부분이 있잖아요. 그 부분 읽으면서는 정말 '이걸 어떻게 타개해 나가야 되지?' 이런 생각이 많이 들었는데, 뒷부분으로 가면서 개인이 할 수 있는 것들을 제시하면서 저자 나름대로 희망을 주는 얘기들을 많이 한 것도 좋았어요. 아울러 책을 읽으면서 세계 식문화의 흐름에 관해 정리할 수 있던 것도 좋았고요. 책에 긍정적인 예시로 한국의 사례가 많이 나오잖아요? 한국에 살아서 그런지 많이 느끼진 못한 부분이었는데, 이게 세계적인 식문화의 흐름으로 봤을 때는 한국의 식문화가 의미 있는 부분이 있긴 하겠더라고요. 전반적으론 저자의 주장과 책의 흐름에 동의를 하면서 읽었던 것 같아요. 다만 식생활의 문제가 저자가 말한 것처럼 한 가지의 문제가 아니잖아요? 사회 여러 부분과 얽혀 있는 복잡한 문제다 보니까 이 책 자체는 '식사'라는 주제에 관해 충실히 다뤘다는 생각이 들면서도 자연스럽게 '음식과 환경'에 대한 주제가 떠오르긴 하더라고요. 다만 그런 부분까지 다루다 보면 내용이 산으로 갈 수 있으니까, 이 책 자체는 적절했다고 봐요. 굉장히 재밌게 읽었습니다.

이용재 하림 님의 의문은 다음 책에서 좀 해소될 수 있을 것 같아요. 제가 두 번째 책으로 《동물, 채소, 정크푸드》를 선정한 이유가 방금 말씀하신 부분 때문이거든요. 《식사에 대한 생각》도 사회적으로 큰 사안들에 대해서 얘기를 하지만, 궁극적으로는 개인에게 다가가는 책입니다. 물론 다음 책도 그런 부분이 있긴 합니다만, 비교적 역사나 사회적인 맥락에 대해서 얘기를 많이 하거든요. 아마 다음 책을 읽으시면 이 책이랑 굉장히 보완이 될 거예요. 저도 이 책에 관해 정말 균형을 잘 잡았다는 생각을 많이 했어요. 사실 이 책 안에는 하나하나가 밤새 이야기할 수 있을 정도인 키워드들이 굉장히 많이 등장하는데, 거기에서 최대한 '식사' 자체를 이해하고 우리의 행동을 바꾸는 데 도움이 될 만한 내용들로만 접근했다는 차원에서 저는 이 책이 굉장히 성공적이라고 생각해요. 특히 세월이 흘러 현대로 오면서 세계인의 식사가 획일적, 혹은 '표준화'되어 왔다는 '표준 식단', 혹은 '표준 식사자'의 내용은 가히 충격적이기까지 합니다.

이하림 　네, 그리고 책이 언제 발간됐나 봤더니, 2020년이더라고요. 그때는 어쨌든 코로나 시대를 지나가고 있을 때였고, 지금은 코로나 시대를 지난 시점에서 우리 환경도 또 많이 변화됐잖아요. 지금 우리 일상에 이 책의 문제의식들을 적용시키면 어떨까 궁금해지더라고요.

이용재 　변화가 됐다면 어떤 부분이 변화가 됐을까요?

이하림 　일단 전보다 배달 음식이나 초가공식품의 소비가 늘어났을 것 같은 생각이 들어요. 실제로 저도 그러니까요.

이용재 　그렇죠. 사실 저도 코로나 이전에 직업인으로서 몇 가지 원칙들이 있었습니다. 그중에 하나가 배달 음식 안 먹기였거든요. 근데 본격적으로 코로나 시국이 되니까 저도 모르는 사이에 시켜 먹게 되더라고요. 저는 사실 코로나 시국에 '배달의 민족' 같은 앱을 처음 써봤어요. 사람들이 정말 커피도 배달해 먹는데, 이 세계를 내가 모르고 있었다는 게 좀 웃기더라고요. 저도 지금 기준에서는 약간 옛날 사람이어서 3, 4천 원짜리 커피를 3천 원 배달비를 내고 먹는다는 사실이 약간 이해가 안 되더라고요. 받아들이기가 힘들었는데 그게 또 코로나가 본격적으로 접어들고 나니까 사람이 무감각해지더라고요.

이하림 맞아요. 무감각해지죠.

이용재 그런데 또 한편으로는 코로나 때문에 건강에 집착을 하게 될 것 같기도 해요. 우리 원경 님께서도 부종을 겪으면서 건강을 중심으로 나의 삶을 돌아보는 계기가 되었다고 하셨잖아요. 코로나도 사람들에게 비슷한 계기가 될 것 같아요. 그래서 많은 사람들에게, 본의 아니게 어떤 계기가 되지 않았을까? 그러면 사람들이 좀 더 건강하게 살아야겠다는 생각을 할 수도 있고, 건강한 삶을 위한 시작은 보통 우리가 음식과 식사라고 자연스럽게 생각을 하게 되니까요. 그렇게 예상을 한번 해보고요. 다음은 우리 남윤 님 이야기 한번 들어볼까요?

김남윤 저는 우선 책을 굉장히 재밌게 읽었고요. 사실 작가님이 많이 어렵다고 하셔서 걱정을 많이 했는데 막상 읽어보니까 너무 재밌어서 금방 읽었습니다. 공감되는 구절들이 많았어요. 예를 들면 전 세계적으로 선진국이 될수록 한 가지 종류의 음식이나 식재료에 의존하는 경향이 줄어든다는 게 통계적으로 드러난다는 부분이 있더라고요. 근데 요새도 '한국 사람들이 쌀을 너무 안 먹어서 큰일이다', '쌀 소비가 줄어서 아이들 식단이 변하고 있다'라는 말이 언론이나 인터넷에 많이 나오잖아요. 그런 식으로 내가 평소에 편견을 갖고 있거나 선입관을 막연하게 갖고 있던 것들을 지적해 주고 통계를 제시해 주는 게 저는 흥미로웠어요. 그래서 저는 이 책의 강점이라고 한다면 통계와 분석을 적절히 활용하면서도 개인적인 체험이나 인터뷰 같은 거를 굉장히 적극적으로 활용하고 있어서, 그 점에 있어서 좀 균형감이 잡혀 있다는 생각이 들거든요. 보통 음식 문화나 식품 업계에 관련된 책이나 다큐 같은 거 보면 특정 집단이나 어떤 기업을 악마화한다거나, 굉장히 감성적인 접근으로 당장 분노하지 않으면 윤리적으로 틀렸다고 할 것 같은 식의 콘텐츠들이 굉장히 많잖아요. 이 책은 그런 단점들을 지적하면서도 식품 산업이 가져다준 이점도—사실은 같은 비율은 아니지만—똑같이 무시할 수 없다는 점을 다룬다는 점에서 균형감이 있다는 판단이 들어서 좋았어요. 제가 지금은 《동물, 채소, 정크푸드》도 읽고 있는데, 그 책은 훨씬 도발적이고 공격적인 어조를 많이 쓰더라고요. 거기는 이 책에 비해 비교적 윤리적인 접근을 강하게 하는데 이 책은 약간 입문서나 교과서 같아서 읽기에 좋았습니다.

이용재 저도 이번 모임 때문에 《식사에 대한 생각》을 다시 읽고 새삼 좋다고 생각했던 지점이 개인에게 음식 문제를 어떻게 호소할 것인가에 대한 고민을 굉장히 많이 했다는 점이었어요.

김남윤 근데 한편으로는 결국 정부와 사회의 공감대가 중요하겠다는 생각이 들었어요. 물론 구조적인 문제에 관해선 《동물, 채소, 정크푸드》에서 더 자세히 나오지만, 이 책에서도 결국 오늘날 개인이 먹고 있는 식습관이 개인의 선택에 전적으로 달린 게 아니라 구조적인 문제라는 거를 이야기하고 있고, 유통산업이나 어떤 여러 가지 부분들을 지적을 해주잖아요.

이용재 그렇죠. 이 책은 음식 문제와 관련해 개인이 놓여있는 구조적인 한계를 지적하면서도, 결론부에선 그럼에도 불구하고 개인이 실천할 수 있는 것들을 말해주는 책이니까요.

김남윤 《식사에 대한 생각》에서도 음식 문화에 긍정적인 변화가 일어나려면 양질의 음식이 사치품이 아니라 우리 일상에 꼭 필요하고, 이 사실을 정부가 깨달아야 한다는 내용이 나오잖아요? 그 내용부터 책에서는 쭉 사회와 공동체 역할에 대한 부분인데, 공감이 되면서도 한편으로는 결국에는 그 정부를 바꾸는 거는 개인들 한 명한 명이 움직여야 되는 부분인데 뭔가 이게 '어디서부터어떻게 시작해야 될까?'라는 지점이 있어서 좀 고민이 되는 것 같아요.

그래서 저는 개인적으로 이 책을 읽어야 되는 사람들은 중간에 있는 사람들이라고 생각이 들었어요. 어떤 의미냐면 이미 문제점을 너무 잘 알고, 건강식을 잘 먹고 있고, 충분히 자기가 관리하면서 소비할 수 있는 사람들에게 이 책은 새로운 의미는 없을 것 같아요. 근데 거꾸로 하루하루가 일이 너무 불규칙적이고, 당장에 생계가 급해서 전혀 여유가 없는 삶을 사는 사람들에게 이 책의 내용들은 너무 다른 세계 이야기일 것 같더라고요. 결국에는 딱 중간 단계에 있는 사람들이 이런 문제의식을 가져야 이 문제에 관해 고민하는 사람들의 지평이 좀 넓어지지 않을까? 그러니까 뭔가 잘못돼 있다는 생각은 하는데 어떤 게 문제고 어디서부터 시작해야 될지 모르는 사람들이 사실은 이 책을 좀 많이 봐야 되지 않을까라는 생각이 들었어요.

이용재 그렇죠. 먹고 살기 급급한데.

김남윤 코로나19 이후로도 보면 경제적인 양극단하고 거의 동일하게 식습관에 대한 불평등이 심화되고 있잖아요. 물론 정부의 역할도 필요하겠지만 이전에 그런 중간 단계에 있는 사람들이 이런 책을 읽으면서 문제의식을 갖고 변화의 토대를 만들어야 하지 않을까 생각이 들었던 책이에요.

나는 내가 먹는 음식

이용재 방금 대화에서도 얘기 나왔지만, 이 책에 나온 얘기들이 좋은 건 알겠어요. 근데 밥을 그렇게 열심히 해 먹는 게 직장인으로서 쉽진 않잖아요. 그래서 우리 각자 밥 먹는 얘기를 좀 해보자고요. '나는 내가 먹는 음식(I am what I eat)'이라는 말도 있고, 여러분도 이 책을 읽으면서 자연스럽게 나의 식생활에 대해서 반추와 점검을 해보셨을 것 같아요. 돌아가면서 가볍게 얘기해볼까요?

송원경 저는 하루에 두 끼 정도 먹는데 탄수화물 위주였던 식단을 단백질 위주로 많이 먹으려고 노력하고 있어요. 제가 어렸을 때부터 밥을 많이 먹었었거든요. 고기도 많이 먹고 밥도 많이 먹었는데, 밥 양을 조금 줄여보려고 노력하고 있습니다.

이용재 밥은 주로 백미 위주로 드시나요?

송원경 백미였었죠. 한 10년 전부터 잡곡을 먹고 있고, 요즘은 현미로 바꿨어요.

이용재 100% 현미로요? 쉽지 않은데.

송원경   아뇨, 찰 현미도 섞어서요. 그냥 현미와 찰 현미를 섞은 현미밥. 그렇게 계속 1년째 먹으니까 현미도 맛있더라고요. 그리고 제가 단 것을 별로 안 좋아해서 간식은 원래 잘 안 먹었는데, 견과류나 약과는 좋아했거든요.

이용재   약과는 단 건데? 싫어할 수가 없잖아요. 아무도 싫어할 수 없어요. 되게 무섭잖아요.

송원경   네, 어릴 때부터 약과나 쌀강정 이런 걸 좋아했거든요. 사실 지금 (모임 다과로 놓인 쌀과자를 가리키며) 앞에 있는 쌀강정도 좋아하는 건데, 안 먹고 있는 거예요.

이용재   네, 평소 식습관은 그렇게 바꾸려고 하시는 것 같은데, '음식과 나' 과제 글을 보니까 평일에는 아침에 먹는 유산균이랑 물 말고는 식사를 아예 안 하시는 경우도 있다고 하셨잖아요?

송원경   네, 아침을 먹기에는 출근이 빠듯하니까요. 일단 나와서 학교에서 뭘 좀 먹으려고 하는데, 가면 또 바쁘잖아요. 그래서 이제 시간이 좀 있으면 학교 가서 간단하게 아침 먹고, 점심 잘 먹고, 저녁을 한 5시쯤 먹고 이후에 아무것도 안 먹는 게 몸에는 제일 좋더라고요. 근데 막상 해보면 직장 다니면서는 거의 불가능하죠.

이하림 저도 식사는 아침 거르고 점심, 저녁 두 끼 먹어요! 아침에 다른 건 안 먹는데, 달달한 커피를 꼭 마십니다. 원래 아침에 아무것도 안 먹으면서 간헐적 단식을 하고 싶었는데, 애를 키우다보니까, 돌보려면 식사까진 아니더라도 아침에 뭐를 먹어야겠더라고요.

이용재 시럽 같은 거 섞으시는 건가요?

이하림 네, 바닐라 시럽 등을 넣어서 아침에 단 커피를 꼭 한 잔 먹게 되는 거죠. 남편은 회사에서 점심을 먹고 오는데, 맨날 뭐 먹었냐고 물어보면 돈까스, 제육볶음 같은 걸 먹고 오더라고요. 남자들의 전형적인 식단 있잖아요. 그래서 가급적 저녁에는 균형 잡힌 식단으로 먹어요. 근데 또 애를 키우면서 복잡한 요리를 하고 먹기가 너무 힘든 거예요. 저는 기본적으로 요리하는 주체가 편해야 된다고 생각하거든요. 그러면서 자주 먹게 된 게 월남쌈이에요.

이용재 월남쌈 좋죠.

이하림 근데 재료를 예쁘게 놓는 건 아니고, 그냥 집에 있는 채소 다 잘라서 잘게 놓고, 그다음에 고기 하나 놓고, 그냥 그렇게 싸서 먹는 거예요.

이용재　괜찮죠? 채소도 많이 먹게 되고.

이하림　네, 죄책감이 덜 드는 식단 같은 느낌? (웃음) 그래서 요즘에는 월남쌈을 자주 먹고 있어요. 그리고 간식으로는 아이 덕분에 과일을 많이 먹게 됐어요. 애를 먹이면서 어쨌든 같이 먹게 되니까요. 그렇지만 혼자 있을 때는 자꾸 스트레스를 풀고 싶으니까 소리가 크게 나면서 짜고 바삭거리는 과자들을 자꾸 먹게 되더라고요. 예를 들면 나쵸 같은 거요. 특히 저녁에 오래 깨어 있게 되면 맵고, 짠 것들을 먹으면서 스트레스를 먹는 걸로 풀려고 할 때가 있거든요. 그래서 요새 드는 생각은 저녁에 오래 깨어 있는 게 좋은 식습관을 형성하는 데에는 문제가 될 수도 있을 것 같아요. 공복이 오래되면 자꾸 뭔가 먹고 싶으니까요.

이용재　저는 밤에 거의 잠을 못 자가지고 그린 문제가 많아요.

이하림　네, 그래서 어쩌다가 애를 재우다가 잠이 들면 그건 운이 좋은 날이에요. 잠이 들어버리면 그때부터 그냥 먹지 않게 되잖아요. 그러면 다음날도 훨씬 컨디션이 좋고, 아침에 에너지도 있어요. 근데 밤에 애를 재우고 내 시간을 가져야지 해서 뭘 먹기 시작하면 다음날 일어나면 붓고, 에너지도 없고 그런 거죠. 새벽형 인간이 되

38

고 싶어요.

김남윤 저도 하루에 보통 두 끼 정도 먹어요.

이용재 두 끼보다 덜 드실 때도 있어요?

김남윤 종종 있는데 보통은 두 끼를 먹어요. 고등학교 때부터 아침을 안 먹어 버릇해서 그때부터니까 10년 넘게 아침을 잘 안 먹게 되는 게 좀 몸에 배어 버렸어요. 지금도 거의 아침에 잠으로 쭉 보내고, 씻고 바로 집에서 나오는 게 버릇이 됐어요.

이용재 밖에서 식사는 주로 어디서 하시나요?

김남윤 일하면 점심시간에 사무실 근처에서 사 먹는데, 제가 사무실이 신촌에 있다 보니까 처음에는 이것저것 먹었어요. 근처에 패스트푸드점도 많고, 국밥이나 일본 라멘, 중국집도 가고 그랬는데, 요새는 여기저기 가는 게 귀찮아져서 사무실 근처에 할머니들이 하시는 백반집에 가요.

이용재 먹기 미안한 집이죠.

김남윤 네, 그래서 요새는 한식 뷔페같은 데를 좀 찾기 시작했어요. 허름한 건물에, 구석에 있고, 나물 종류 많고, 제육볶음 같은 거 나오는 그런 데를 찾아서 요즘은 먹고 있고요. 집에 오면 어머니께서 밥을 해주시는데 요즘은 어머니도 근처 반찬가게를 많이 애용하세요. 아파트 단지 상가에 있는 곳인데, 그런 곳에 팩으로 담긴 반찬이랑 나물 같은 것들이랑 밥하고 먹는 게 약간 일상적인 루틴이 된 것 같아요. 그러니까 저는 뭐 평범하게 맛있게 잘 먹고 있고요. 제가 나쁜 습관이 밥을 좀 빨리 먹는 편이에요. 10분을 넘기는 경우가 거의 없어요. 순수하게 밥 먹는 시간은 어떤 때는 5분 걸릴 때도 있고요. 밥 다 먹고 시간 보면 '벌써 이렇게 다 먹었나?' 생각 들 때가 많아요. 식당 하시는 분들은 저 같은 손님 좋아할 텐데 (웃음) 근데 저희 아버지는 저보다도 빨리 드세요. 5분도 안 돼서 그냥 이렇게 허겁지겁 드시거든요. 이게 집에서 어렸을 때부터 버릇이 들다 보니까 자주 체하고 그래서 고쳐야겠다는 생각이 들었는데 쉽지는 않더라고요.

이용재   타이머를 쓰시면 어때요?

김남윤   거기까지는 생각을 못 해 봤어요.

이하림   저도 비슷한 문제를 겪었는데, 타이머는 약간 시각적인 효과가 떨어져서, 10분짜리 모래시계가 좋더라고요.

이용재 모래시계 괜찮네요! 남윤 님은 간식은 안 드시나요?

김남윤 간식은 안 먹으면 아예 안 먹거나 아니면 단 거를 좀 많이 먹어요. 초콜릿 같은 종류 많이 찾고요. 이게 안 먹을 때는 아예 생각이 없어서 안 먹다가, 밤에 입이 심심하면 무의식적으로 바로 먹을 수 있는 무언가를 찾게 되는데, 거의 과자나 초콜릿 종류를 먹게 되더라고요.

이용재 음료는 그냥 물 드시나요?

김남윤 네, 그리고 한 3, 4년 전부터 중국 차를 많이 마셨어요. 보이차나 쑥차 전병을 사서 조금씩 뜯어가지고 소분해서 마시고 있죠. 사실 커피를 많이 마셨는데, 카페인을 좀 조절해야겠다는 생각이 들더라고요. 그래서 요즘은 차를 많이 마셔요.

이하림 좋다.

바꾸고 싶은 식습관

이용재 그러면 혹시 바꾸고 싶은 식습관 있으신가요?

이하림 일단 초가공식품을 저도 잘 먹지는 않지만, 진짜로 피해야 할 음식이라는 생각이 들었고요. 이 책에 '고기 없는 월요일'이라는 내용이 나오잖아요. 저는 원래는 주말 채식주의자를 하고 싶은 사람이었거든요. 주중 채식주의자는 힘든 게, 저희 남편이 육식을 많이 좋아해요. 그래서 주말만이라도 채식을 하고 싶었는데, 주말에는 또 외식을 하게 되잖아요. 그래서 주말 채식주의자도 하기 어렵더라고요. 그래서 책을 읽으며 생각한 게, 주중도 주말도 채식주의가 어렵다면, 이 책에서 말하는 것처럼 '고기 없는 월요일'이라도 해보면 어떨까 생각이 들어서 이 얘기를 남편하고 했어요. 남편이 '그 정도는 괜찮다'고 해서, '그러면 이틀 정도는 괜찮을까?' 다시 물어봤는데, '뭐, 월, 수 정도는 할 수 있지 않을까?'라고 긍정적인 답변을 받았거든요. 이 정도의 변화라도 개인적으로 할 수 있다면 좋지 않을까 생각이 들어요.

이용재 제가 궁금한 거는 히림 님이 조리를 주로 하시잖아요? 평소에 그러면 남편 분하고 메뉴 부분 의견의 일치를 보기가 쉬우신가요?

이하림 채식 메뉴 관련해서요? 제가 또 완전히 채식을 하고 싶진 않은데, 만약 제가 완전히 채식을 하겠다고 하면 남편하고 의견 일치가 안 되겠죠. 왜냐하면 남편은 같이 먹는 것에 대해서 중요하게 생각하는 사람이거든요. 그렇지만 방금 말한 식으로 일주일 중 이틀 정도는 오케이가 된다는 거죠.

이용재　남편 분은 지금은 재택을 많이 하세요?

이하림　일주일에 삼일 출근하고 이틀은 재택을 해요.

이용재　회사에서 보통 식사하시면 고기를 먹게 되잖아요? 그러한 시각에서 볼 수는 없을까요? 예를 들어서 댁에서 채식 식단을 좀 더 자주 적용했으면 좋겠다고 생각하실 때, 남편 되시는 분한테 '주중에 세 번 출근할 때 주로 고기를 먹을 테니까 집에서는 고기를 안 먹으면 안 되냐?' 이렇게 의견을 어떻게 조정할 수는 없나요?

이하림　남편은 건강하고 맛있는 것을 좋아하는데, 회사에서 먹는 것들이 맛도 없고, 건강하지도 않은 거예요. 저희 남편도 나름 건강한 식단을 하려고 하는 사람이거든요. 그래서 남편 직장 근처에 국립 중앙도서관이 있어서, 점심시간에는 거기서 백반을 먹으면서 자기 나름대로 노력은 하고 있는 것 같아요. 근데 그 음식이 만족스럽진 않은 거죠.

이용재　그러니까 가족들과 함께 먹을 때 맛있는 거를 먹고 싶고, 그게 고기라는 거죠?

이하림　네, 좀 맛있고 양질의 것을 먹고 싶은 거죠. 저도 처음에는 그렇게 얘기했거든요. '당신은 외식을 많이 하니까 집밥을 먹을 때는 채식 위주로 먹자' 근데 남편은 어렸을 때부터 고기가 메인으로 있으면 다른 건 없어도 잘 먹는 타입의 사람이어서 그런 부분에서 타협은 어렵더라고요. 그렇다고 해서 '너도 채식해!'라고 하는 건 아니라고 생각하거든요. 때문에 제가 고기를 포함한 요리를 차려놓고, 제가 원하면 좀 덜 먹고 그런 건 가능하지만 남편한테 강요하기는 어려웠다는 거죠. 근데 이번에 남편한테 '하루이틀 정도는 고기를 안 먹는 게 어떨까?' 얘기했을 때, '그거는 할 수 있다' 이렇게 얘기를 한 거죠.

이용재　원경 님은 어떠세요?

송원경　저는 1~2년 전에 채식을 1년 정도 해봤는데, 도중에 계속 영양 결핍 진단을 받아서 그냥 포기하고 좋은 고기를 사서 조금씩 먹고는 있거든요. 근데 이 책이 또다시 건드린 거죠. 그래서 며칠 전에 고기 손질하는 데 갑자기 역겹더라고요. '얘가 어떻게 죽여졌을까?' 고민하고 있고 진짜 육식을 해야 하나 말아야 하나 그 생각이 들었습니다.

이용재　댁에서는 어떻게 식사하고 계세요?

송원경 저희는 아무래도 나이가 있으니까, 저는 50대고 남편이 60대거든요. 그러니까 저희는 이제는 사실 많이 건강식으로 왔죠. 둘 다 잘 맞는 건 가공식품은 잘 안 먹어요. 안 맞는 부분은 저는 소고기를 좋아하면 남편은 돼지고기 위주로 좋아하고 이런 식의 것들?

이용재 그러면 비교적 의견의 불일치가 심하지 않은 거네요.

송원경 예전에는 안 맞는 부분이 있었어요. 남편이 일본에서 공부한 사람이라 미니멀한 밥상을 좋아하거든요. 반찬이 많은 것도 싫고 딱 1인 양의 정량. 근데 저는 원래 많이 차리는 걸 좋아했거든요. 그래서 그런 부분이 안 맞았는데, 같이 사는 기간이 있으니까 많이 맞춰져서 둘 다 합의점에 왔어요. 또 제가 계속 건강식 공부를 하다 보니까, 결국 자기 양만 있는 일본식 밥상이 또 건강한 밥상이긴 하잖아요. 그래서 요즘은 잘 맞아요. 저희는 반찬이 없을 때는 딴 거 없이, 그냥 밥, 된장찌개, 김치 이렇게만 먹어요.

이용재 남윤 님은 어떠세요?

김남윤 저는 어제 입맛 없어서 샤퀴테리(소시지 등 가공육)를 먹었더니 지금 대화를 듣다보니 조금 찔리네요.

이용재 　어제 샤퀴테리 뭐 드셨어요?

김남윤 　그냥 뭐 마트에서 적당한 거 사서 먹었죠.

이용재 　소시지 이런 거 드셨어요?

김남윤 　다 먹지 말라는 '초가공식품'이요. (웃음)

이용재 　술은 안 드셨어요?

김남윤 　와인 조금? 입맛이 너무 없어서요.

이용재 　잘 드셨네요. 그렇게 먹을 때도 있어야죠.

김남윤 　네, 저는 읽으면서 자꾸 '내가 언제 가공식품을 많이 먹는가'를 생각하게 되더라고요. 일하던 게 균형이 깨져서 생활이 불규칙해지거나, 아니면 스트레스를 받아서 야식이나 폭식을 한다거나. 그런 거를 계속 생각하면서 내가 가공식품을 접하게 되는 거를 원천적으로 차단할 수 있는 어떤 물리적인 조건을 좀 의식적으로 만들어볼 수 있지 않을까? 그런 생각은 좀 들더라고요. 그래서 노력은 많이 하고 있는데 이게 쉽지는 않더라고요. 간편하게 손이 가는 게 주로 스낵류고, 또 이런 것들은 24시간 판매하잖아요.

이용재　물리적으로 어떻게 차단할 수가 있을까요?

김남윤　예를 들면 간편하게 주문하는 쿠팡 같은 앱들이 있잖아요? 그런 것들을 삭제해버려서 그 눈에 안 들어오게 하는 방법도 있겠죠. 아예 차단하는 게 힘들면 불필요한 광고라도 일단 최대한 차단한다는가 하는 방법으로요.

이용재　맞아요. 저는 쿠팡은 탈퇴했어요.

송원경　그러다 다시 다운로드 받잖아요. (농담조)

김남윤　(웃음) 근데 제일 좋은 거는 내가 스트레스를 받았을 때 그것을 먹는 행위로 풀지 말고 뭔가 다른 활동을 한다거나 혹은 책에도 나왔듯이 같은 음식이라도 덜 해로운 음식을 먹으며 대체하면 어떨까 생각이 들긴 해요. 책에서 '물이 아닌 것을 물처럼 먹지 말라'고 한 것처럼요. 그런 습관이 수반된 상태에서 쿠팡 같은 어플을 물리적으로 차단하는 건 좀 효과가 있더라고요.

이용재　어떻게 잘 되고 있나요?

김남윤　일주일에 한 4일 정도는 괜찮은 것 같더라고요. 주 5일 출근을 하니까, 평일에 뭔가 집중해서 일을 하다보면 먹을 것에 대한 생각도 많이 안 나고, 조절하기가 쉬워요. 근데 주로 금요일 밤이나 주말 같은 때가 문제죠.

이용재   마음의 허리띠를 풀어놓고.

김남윤   그렇죠. 제일 조절하기 어려울 때가 금요일 밤, 주말에 모임 같은 것 있어서 가서 막 먹을 때나, 주말에 혼자 있을 때에요.

이용재   그러면 비교적 주중에는 괜찮으신 거네요.

김남윤   그렇죠. 예전에 영화 했을 때는 하루하루가 너무 극단적이었어요. 저녁 6시에 시작해서 다음날 새벽에 집에 들어오고 그러니까 음식도 규칙적으로 조절하기가 어려웠는데, 지금은 그런 생활이 아니니까 어느 정도 조절이 가능한 것 같아요.

이용재   주로 과자 등 스낵류 먹는 것을 좀 줄이고 싶으신 거죠?

김남윤   네, 다른 가공식품 먹는 것도 줄이려고 하는데, 일단 과자가 제일 큰 것 같아요.

이용재   과자 매일 드세요?

김남윤 매일은 아니고, 가끔씩 먹어요. 말씀드렸던 것처럼 금요일 밤 같은 때라던가.

이용재 금요일 밤 정도는 먹어도 되지 않을까요? (웃음) 여러분들 말씀 들으면서 생각한 건, 저는 전반적으로 음식 자체를 집에 덜 들여놓아야 한다고 생각해요. 저는 일단 직업이 음식평론가이기 때문에 이 직업이 저의 성향을 약간 정당화하기도 합니다. 예를 들어 백화점에 갔는데 못 보던 식재료가 있어요! 사야죠. 이것도 사보고, 저것도 사보고. 그게 다 돈이기도 하지만, 칼로리기도 하잖아요. 근데 그걸 저는 '직업인이니까'라는 생각으로 좀 정당화하면서 지나치게 집에 들여놓아요. 또 스트레스를 받으면 다람쥐가 도토리를 모으듯이 야금야금 식재료를 사는 버릇도 있고요. 그러니까 그 두 개가 맞물리는 거예요. 직업인으로서는 음식에 대한 호기심이 있어서 못 보던 음식이 있으면 먹어봐야 되고, 또 생활인으로서는 일 때문에 스트레스를 받으면 굳이 안 먹어도 될 것 같은 초콜릿 같은 것들을 야금야금 사 먹는 거죠. 그러니까 집에 항상 음식이 좀 많이 있어요. 그래서 올해는 전반적으로 음식 소비를 좀 줄이려고 해서 줄어들긴 했거든요. 근데 재밌는 게 스트레스를 받으면 저도 모르는 사이에 사게 되더라고요. 저는 담배 피우는 대신에 토마토를 상자로 삽니다.

이하림　스트레스가 만병의 근원이에요

이용재　네, 그렇죠. 그래서 음식 자체를 좀 덜 사려고 하고 있고요. 그리고 간식도 초콜릿이나 스낵 대신 가급적 건강한 걸 먹으려고 하고 있어요. 요즘에 찾은 충격적인 간식은 구운 병아리콩!

송원경　오븐에 굽나요?

이용재　아니요, 구운 아몬드처럼 구운 병아리콩을 팔아요! 근데 얘가 약간 목이 메긴 하는데 일단 고소하고, 소금간도 안 돼 있고, 가격도 안 비쌉니다. 한번 드셔보세요. 인터넷에서 팔 거예요.

이하림　볶은 서리태 같은 느낌인가요?

이용재　그거보다는 가벼워요. 서리태는 좀 딱딱하잖아요? 근데 훨씬 가볍고 포만감이 좋아요.

이하림　목멜 것 같은 느낌이⋯.

이용재　목은 좀 멥니다. 그래서 저는 구운 병아리콩이랑 바나나, 요구르트를 같이 먹고 있어요. 근데 이것도 이상적인 얘기이긴 하죠. 사실 스트레스를 너무 받으면 저도 모르는 사이 탄수화물을 먹고 있거든요. 그래서 저는 '토요일'로 요일을 딱 정해놔요. 그래서 그날만 탄수화물도 먹고, 제가 좋아하는 과자나 아이스크림, 무엇이든 토요일에 먹는 거죠.

채소를 먹는다는 것

이용재 근데 세 분 말씀 중에 공통적으로 초가공식품과 건강식에 관한 얘기가 나왔잖아요. 특히 식생활면에서는 채소를 많이 먹어야되긴 하는데, 우리가 채소를 왜 먹기 싫은가를 생각해보면 언제나 그 날것의 채소가 먹고 싶지 않아요. 바삭하고 아삭한 질감이 언제나 좋은 건 아니고, 먹다보면 사레가 들릴 때도 있고, 딱딱하잖아요. 우리가 다룰 두 번째 책인 《동물, 채소, 정크푸드》의 저자인 마크 비트먼이 그런 얘기를 했어요. '고기는 어떻게 조리해도 웬만큼 먹을 수 있게 된다' 삼겹살을 익히는 거랑 당근을 익히는 거랑 어느 쪽이 더 쉬우냐면, 삼겹살을 익히는 게 더 쉬워요. 당근은 껍질을 벗겨야 되고, 씻어야 되고, 적당히 잘라야 되고. 또 당근을 잘 익히는 게 꽤 난이도가 높아요. 그래서 채소를 더 식생활에 끌어들여야 되는데, 힘들죠. 그랬을 때 어떻게 내가 채소를 좀 더 내 식생활에 끌어들일 수 있을까 고민이 필요해요. 사실 여러분이 말씀하신 초가공식품을 안 먹는 문제와 채소를 먹는 문제는 어느 정도 맥이 닿는 부분이 있어요. 그니까 채소를 더 많이 식탁으로 끌어들여서 더 잘 먹으면 아마도 초콜릿 등의 스낵류를 먹고 싶지 않을 거예요. 아, 채소라고 하는 것에서 저는 '김치'는 빼야 된다고 생각해요. 김치는 간이 강하게 되어 있어서, 김치를 많이 먹고 채소를 먹었다고 하는 건 약간 어불성설일 수가 있어요. 근데 이 책에선 '한국 사람들은 채소를 맛있는 식재료로 간주한다'라고 하잖아요. 사실 그 부분은 저는 읽으면서 '우리의 현실을 너무 아름답게 본 거 아닌가?'라는 생각이 들었어요.

송원경 저는 저자가 김치와 쌈 때문에 그렇게 느끼지 않았을까 생각했어요.

이하림 김치, 쌈, 비빔밥 정도 아닐까요?

송원경 그만큼 싸놓고 먹는 것처럼 보이니까.

이용재 맞아요. 저는 거의 쌈 때문에 그런 것 같다고 읽었어요. '김치 외에도 그러한 채소들이 있다'라는 식으로 얘기하기 때문에. 근데 제가 외국 생활을 하면서 느꼈던 건 한국이 나물류 말고는 선택할 수 있는 채소 식재료의 폭이 넓지 않아요. 게다가 우리는 채소를 익혀 먹는 문화가 덜 발달했거든요. 우리는 대체로 이파리 채소들을 날로 먹잖아요. 근데 사실 익힌 채소와 생채소의 먹는 양은 굉장히 달라요. 채소를 익히면 훨씬 많이 먹을 수 있거든요.

그러니까 제가 말하고 싶은 건 이 책을 포함해서 저희가 다루는 책들이 갖고 있는 태생적인 한계에 대해서 생각해보고 싶은 거예요. 환경이나 식사 같은 문제에 대해서 담론을 선도하는 사람들은 결국 1세계 사람들이거든요. 이 사람들은 이 책에서 말하는 나쁜 사례와 좋은 사례를 다 해봤단 말이에요. 나쁘게도 먹어보고, 좋게도 먹어보고. 그래서 지금도 선택이 가장 용이한 사람들이죠. 그래서 이 사람들이 낸 결론이 '궁극적으로 문제인 건 서양의 식문화다'라고 자기네들의 결론을 내렸는데, 본인들이 문제라고 말한 그 식문화가 사실 전 세계로 굉장히 많이 전파가 되어 있죠. 그래서 이 책에서도 이렇게 말하잖아요. '한국 사람들은 채소를 많이 먹고 바로 4단계*로 넘어가는 사람들이다. 근데 요즘은 어떤지 잘 모르겠다.' 사실 지금 우리는 튀긴 치킨을 한국 음식이라고 수출하는 나라잖아요. 그런 현실로 보았을 때 저는

---

* 비 윌슨은 인류의 식사를 4단계로 분류한다. 1단계는 수렵 채집인으로서 녹색 채소와 저지방 고기로 이루어진 식사를 하는 단계이다. 2단계는 여기에 농업과 정주가 개입하면서 곡물을 먹기 시작하는 단계이다. 3단계는 윤작과 비료 등 농업 기술이 발달하면서 더 풍요로운 식단을 꾸릴 수 있으며, 동물성 단백질을 많이 먹는 단계이다. 4단계는 식단이 빠른 속도로 바뀌며 인간의 삶에 지대한 영향을 미치는 단계이다. 지방과 육류, 설탕은 더 먹고 섬유질은 덜 먹는다.

우리도 이제 크게 다르지 않다고 생각하거든요. 그래서 이 책을 굉장히 즐거운 마음으로 읽으면서도 근본적으로 이런 생각이 드는 거예요. '너희는 할만큼 했고 먹을 만큼 먹었으니까 건강하게 먹자는 거야?' 제가 음식평론가로서 항상 걱정하는 게, 서양의 음식 담론들이 들어올 때 우리나라의 현실을 약간 무시한 채로 들어온다는 거예요. 예를 들어 식품의 다양성이 떨어지는데 채식을 하자는 식으로 말이죠. 채식이 건강에 좋으니까 개인적인 선택으로 채식을 하는 건 좋아요. 그런데 채식 식재료도 다양하지 않고, 조리법도 많이 보급되지 않은 현실에서 채식을 하기는 굉장히 힘들거든요. 제가 모임 초반에 이 책을 '우리의 식생활을 위한 거울'로 쓰자고 말씀드렸잖아요. 이 책을 통해 우리 개인의 식생활을 비춰보는 것도 중요합니다. 근데 저는 사실 한국 사회를 비춰보고 싶은데, 거울에 잡히지가 않아요. 그 부분이 어렵더라고요.

나의 요리 독학기

이용재   이 책에선 식습관을 바꾸기 위해 '음식을 할 줄 알아야 된다'는 내용들이 나오잖아요. 저도 200% 공감합니다. 심지어 이 책에선 요리를 할 줄 아는 능력을 생존 기술이라고 인식을 해요. 요리라는 게 단순하게 콩나물을 무치고 이런 기술적인 차원도 있지만, 이 책에선

'전반적인 나의 식생활을 꾸려나가는 능력'으로 보잖아요. 큰 관점에서 식생활을 잘 꾸려나가기 위해서는 조리를 할 수 있는 능력을 필수로 갖춰야 된다는 거죠. 그런데 이것이 단순히 음식만 만드는 게 아니라 삶의 시야를 좀 넓혀주기도 하고, 그다음에 삶에 대한 전반적인 매니지먼트를 좀 더 잘하게 해주는 것도 있고. 사물을 보는 눈을 키워주기도 하죠. 저는 실제로 요리를 하면 사물을 보는 눈이 는다고 생각을 하거든요. 저도 40대 남성입니다만, 대체로 나이 든 남성들이 밥을 못 하잖아요. 그래서 저는 이게 거의 사회 문제라고 생각을 해요. 근데 한편으로 제가 무쇠 팬을 쓴 지가 15년이 넘었는데 주변에서 저한테 무쇠 팬에 관해 물어보면 '사지 말아라'라고 해요. 왜냐하면 무쇠 팬은 엄청 많이 써서 길들여야지 반질반질해지는 건데, 집에서 조리를 자주 안 해가지고는 팬을 길들일 수가 없기 때문이죠. 조리도 계속 시행착오를 겪고 시간을 꾸준히 가져야하는데, 우리가 그럴 여건이 쉽지 않잖아요. 어려운 상황이죠.

제 얘기 간단하게 해볼까요. 저는 직업과도 관련이 있어서 음식은 두루두루 할 줄 알아요. 그래서 어떻게 배웠냐? 저는 그냥 8~9살 아주 어릴 때부터 어머니가 집에 안 계셨기 때문에 라면을 끓여 먹기 시작했어요. 이후에도 어머니가 집에 잘 안 계셨으니까 어머니한테 딱히 배우지 않았고요. 어머니한테 배운 거 딱 한 가지가 제가 중학교 때 마카로니 샐러드를 만들었더니 어머니가 '이거 간을 해야 맛있다'라고 했어요. 그때 마카로니 샐러드에 간 하는 방법 한 가지를 배웠죠. 나머지는 제가 직접 시행착오를 겪으면서 익힌 것들이죠. 제가 스물여섯 살 때부터 자취를 했는데, 그때 병에 담긴 소스로 파스타를 만들어 먹기 시작하면서 본격적으로 요리를 시작했어요. 그리고 요리 실력이 비약적으로 는 건 미국 생활을 하면서부터였죠. 미국 생활에선 시간이 많이 남았고 그럴 때 취미로 요리를 했는데, 당시 미국에는 '푸드 네트워크(Food Network)'라는 요리 전문 채널이 있어요. 집에서 시간나면 항상 그 채널을 봤어요. 제가 주로 혼자 살다 보니까 음식을 해서 많은 사람들이 와서 먹는 그런 쇼들이 좋더라고요. 그 채널에 나온 파티 음식 같은 것을 보면서 '나도 저런 것을 해봐야겠다'는 생각이 들었죠. 그래서 목요일쯤 장을 봐서 주말에 오후 3시부터 밤 12시까지 음식을 만들었거든요. 그러한 과정을 몇 년 하면서 요리를 익혔고, 결국 그때의 경험으로 지금의 직업이 된 거죠. 그래서 저는 독학이 가능하다고 믿는 사람이긴 한데, 우리에게 시간이 너무 없긴 해요. 하지만 요즘 같은 때에는 책도 잘 나와 있고 콘텐츠들이 많잖아요. 유튜브를 보고 따라하기도 쉽고요. 그래서 각자 요리 독학 경험이나, 요리 독학을 시도했다가 실패한 경험이 있다면 그걸 공유해보면 좋을 것 같아요. 먼저 하림 님부터 말씀해주실래요?

이하림   저는 초등학교 5학년 때부터 요리를 했어요. 저희 엄마는 제가 네 살 때부터 직장에 나가셨는데, 제가 4학년 때까지는 집에 도우미 이모님이 계셨거든요. 근데 이모님이 제가 5학년 때 그만두셨어요. 엄마가 새로 도우미 이모를 쓰겠다고 했는데, 그때 저는 괜찮다고 한 거죠. 그때부터 혼자 무언가를 사부작사부작 만들기 시작한 것 같아요. 그래서 친구들 라면도 끓여주고 그러다가, 한번은 엄마 생신 미역국을 제가 끓이겠다고 했어요. 하지만 엄청나게 실패를 했죠.

이용재   혹시 미역을 안 불리셨나요?

이하림   아니요. 미역이 그만큼 불어날 거라는 말을 안 믿은 거죠. 보통 봉지에 20인분 들어있잖아요. 근데 어렸을 때는 '이게 무슨 20인분이야!' 그래서 그거를 물에다 그냥 다 넣었어요. 근데 시간이 지나고 와서 보니까 미역이 다 냄비 바깥에 나와 있던 거죠. 그러면 그거를 일부만 쓰면 되는데, 그때는 그 생각을 못 하고 다 넣고 미역국을 끓여서 결국 미역볶음이 된 거죠. (웃음)

이용재   그럼 요리는 그런 식으로 혼자 익히신 건가요?

이하림   그런 식으로 시행착오를 겪으며 익힌 것도 있고요. 근데 저희 엄마는 일을 하셨지만 그래도 집에 오면 항상 요리를 하셨어요. 모임장님은 아들이니까 그 당시에 어머님은 그럴 필요를 못 느끼셨을 수도 있을 것 같아요. 저는 딸이다 보니까 엄마가 뭔가를 가르쳐야겠다고 생각하셨거든요. 그래서 '된장찌개는 이렇게 끓이는 거야', '이건 이렇게 간을 맞추면 맛있어' 이런 식으로 제가 가르쳐달라고 하지 않아도, 얘기를 해주셨어요. 그렇게 그냥 어깨너머로 배운 거죠. 그러다가 비건 카페를 열기 위해 바리스타 자격증도 따고, 마크로비오틱 수업도 듣고, 채식 베이킹도 배우고 그런 거죠. 생존 요리로 치면 저는 중상 정도는 될 것 같아요. 그리고 결혼하니까 본격적으로 요리를 제가 할 수밖에 없게 된 거죠.

이용재   그러면 배우자께서는 요리 안 하시고요?

이하림   저희 남편은 모임장님처럼 미국에 있을 때 비약적으로 요리가 늘었는데, 결혼을 하고 나서는 어머니의 역할을 저에게 넘기고 본인은 요리를 잘 안 하시더라고요.

이용재   혼자 하시면 좀 부담되지 않으세요?

이하림   부담이 되는데 또 남편한테 시키면 시간도 엄청나게 소비가 되고. 그다음에 문제는….

이용재   방대하게 하시는구나!

이하림 네! 저는 치워가면서 해서 요리가 끝나면 모든 게 정리가 돼 있어요. 근데 남편이 요리를 하고 나면 치워야 할 게 이만큼이 쌓여 있으니까.

이용재 그것도 사실 요리할 때 같이 배워야 되는 건데. 중간중간 치우는 거!

이하림 미국에서 자취할 때 요리를 해서 그런지 대부분 양식 조리가 많고, 그러니까 뭘 많이 쓰더라고요. 똑같이 파스타를 해도 면 삶은 그릇은 여기, 볶은 그릇은 저기……. 저걸 다 치울 생각을 하니까, '그냥 내가 하고 말지' 이런 생각이 드는 거예요.

김남윤 저는 취사병으로 군대 갔다 오고 나서 주변에서 들었던 얘기가 '취사병 다녀왔으면 요리 좀 잘하겠다'였어요. 근데 군대 가서도 저는 한 번도 요리를 제대로 해본 적이 없어요. 이게 음식을 2~300명을 기준으로 하다 보니까 요리가 아니라 벽돌을 나르는 노동과 거의 비슷한 경험이었거든요. 저는 취사병 때 일을 요리의 개념으로 한 번도 생각해 본 적이 없어요.

이용재 저도 사실 군대에서 군수 계원이었기 때문에 식품을 담당했거든요. 그래서 취사반이랑 항상 가깝게 지내서 무슨 말씀하시는지는 알아요. 완전 대량 조리를 하거든요. 아침 먹고 치우고, 점심하고, 치우고…….

김남윤 2년 동안 있었는데 평생에 썰 양파를 거기서 다 썰고 나오긴 했어요. 근데 요즘에는 일정 규모 이상의 군부대에선 조리를 담당하시는 군무원 아주머니들이 일을 같이 하거든요. 각종 양념을 만드는 등 중요한 일들은 대부분 그분들이 하세요. 그러다보니까 정말 5, 60명도의 소규모 부대가 아닌 이상, 병사들이 A부터 Z까지 손수 모든 양념과 조리를 도맡아서 하는 경우는 잘 없어요.

이용재 재료 준비만을 하셨군요.

김남윤 네, 제가 있던 부대는 2천 명 이상의 부대였고, 그 중에서도 저는 간부 식당 담당이었거든요. 그 간부식당의 식수 인원이 2~300명 정도 됐어요.

이용재 간부 식당이요?

김남윤 네, 병사 식당과 간부 식당이 따로 있었어요.

이용재 간부만 2~300명이면 엄청 큰 부대인 것 같은데요.

김남윤 군인만 있는 건 아니고, 군무원이나 왕래하는 사람들까지 다 합쳐서 한 2~300명 정도 먹는 규모였어요. 그러니까 병사들이 전처리를 하면 각종 양념 등은 군무원 아주머니들이 하시고, 염도를 재요. 제가 군대 있을 때는 군부대 저염식 식당 같은 거를 해서 염도가 일정 수준을 넘기면 안 됐거든요. 아주머니들이 염도를 체크하고 됐다고 하면, 그때부터 병사들이 삽을 들고 계속 볶는 거예요. 그래서 저는 이거를 한 번도 요리라고 생각해본 적이 없는 게 조리 과정의 앞부분과 끝부분만 하다 보니까 전체를 경험해본 적이 없는 거예요. 실제로 요리 실력이 늘지 않기도 했고요. 하루에 몇백명 분을 만들다보니까, '요리를 배워봐야지' 이런 생각도 안 들었던 거죠.

이용재 그게 쉽게 안 되죠.

이하림 음식 냄새도 싫었겠다.

김남윤 네, 빨리하고 가서 쉴 생각밖에 없었죠. 대신에 조리학과 나온 친구들이 연습하는 요리를 많이 먹어보긴 했어요. 제가 있던 간부식당 취사병이 8명이었는데, 그 중에 3명은 조리학과 출신이었거든요. 식당에 식자재가 쌓이니까, 그 친구들은 군대 있는 동안 조리 기능사를 따더라고요. 그래서 그들이 한식 조리 같은 거 연습할 때 저는 옆에 가서 한 입 먹어보고 '맛있네', '잘됐

네' 그러고 다시 돌아가고 그랬죠. 그래서 저는 2년 동안 뭘 많이 하긴 했는데, 군대에서의 경험이 그렇게 기억에 남는 케이스는 아니었어요.

이하림 그래도 재료를 다듬는 거는 충분히 숙지되지 않았을까요?

김남윤 그때만 바짝 하고 전역하고 안 하다 보니까…….

이하림 그래도 몸이 기억할 거예요.

이용재 네, 금방 다시 하실 수 있을 거예요. 그러면 이미 기본은 갖추셨네요. 과제 글에 나온 '토마토 계란 볶음'을 괜히 시도하신 게 아니었구나.

이하림 입맛만 찾으시면 되겠네요. 본인의 입맛.

김남윤 그 감이 없어요. 그러니까 조리를 하면 기본이 10kg 이상만 했었으니까, '한, 두 명은 얼만큼 해야 맞지?'에 대한 감이 한동안은 인터넷 보는데도 잘 안 생겼어요.

송원경 양 조절이 생각보다 어렵죠.

이하림 저희 시어머니도 대식구 요리만 하시다 보니까

이걸 1, 2인분 하면 진짜 맛이 덜해요. 많이 해야 맛있고. 그래서 지금은 그냥 식구가 그만큼 없는데도 많이 하세요. 그래야 맛이 나니까.

김남윤   그래서 양 조절이 조금 힘들다는 문제가 있었고요. 요리는 하루에 한 끼는 힘들더라도, 최소한 주말 정도는 해보려고 노력했는데 습관으로 만드는 데는 실패했죠. 이게 밖에서 먹는게 기준이 되다 보니까 심리적으로 제가 한 요리의 결과물들이 마음에 안 드는 거예요. 처음에는 재료도 바꿔보고, 인터넷에 변주된 레시피들도 다 보면서 해봤는데, '얼마 안 되는 재료들로 이거를 백날 해봐야 나는 못 따라가겠구나' 이런 생각이 드는거죠. 입맛이나 기준이 밖에서 먹는 것들에 있다 보니까 '나는 그걸 꼭 재현해서 먹어야 돼'라는 생각이 들고, 그러다보니 제가 음식을 해도 성취감이 느껴지진 않는 거예요. 그런 과정이 반복되다 보니 '내 돈만 쓰고 시간만 쓸 바에, 그냥 가서 사 먹자'가 됐죠.

이용재   그 단계가 사실 요리를 내가 하고 싶다면 거쳐가야 되는 단계예요. 그리고 원래 목적은 파는 음식의 맛을 재현하는 거였을 수도 있지만, 또 하다 보면 내가 좋아하는 거를 새롭게 찾게 되는 과정이 되기도 하거든요. 그 산을 넘어야 되는데 사실 아직 못 넘고 계신 거예요. 근데 사실 실패를 해봐야 늘잖아요.

김남윤 네 맞아요.

이하림 그래도 요즘에 칼질은 잘 유지가 되시죠?

김남윤 어렵다고는 생각이 안 들죠. 칼 잡는 것도 그렇고, 요리를 하는 거에 거부감은 없어요. 전역하고 몇 년 있다가 약간 중국 본토 요리에 좀 꽂혀서 그때 한동안 토마토 계란 볶음하고, 오이랑 계란으로 양저우식 볶음밥 같은 걸 인터넷 보고 해먹기도 했는데, 여러 번 해도 계속 입에 안 맞더라고요.

이용재 원경 님은 어떠세요?

송원경 저희 집은 다 요리를 잘하셨어요. 외할머니도 너무 잘했고, 엄마도 굉장히 요리를 잘하셨고요. 근데 저회 엄마도 계속 일하셨는데 제가 네 자매 중 첫째거든요. 그러니까 어렸을 때부터 동생들한테 떡볶이도 해주고 그러면서 요리를 좋아했어요. 그리고 항상 집에 손님도 많이 오고 그래서 심부름하면서 요리를 배웠죠. 그렇게 요리를 좋아하다가 가정교육과를 나왔는데, 제가 스물넷에 결혼을 좀 일찍 했어요. 근데 학교 나오고 배운 게 없잖아요. 그때부터 심영순 선생님, 이향방 선생님, 최경숙 선생님 등 소위 1세대 가정요리 선생님들한테 요리를 배우러 다닌 거죠.

이용재　그러면 요리를 배우러 많이 다니셨네요?

송원경　네, 왜냐하면 그 당시에는 제가 주부였기 때문에 일을 안 했을 때였거든요. 그래서 선생님들한테 계속 요리 배우고 집에 장을 봐 갖고 와서 실습하는 거죠.

이하림　가족들이 좋으셨겠다.

송원경　또 시어머니가 재일교포셔서 일식 가정식도 자연스럽게 배웠어요. 그래서 제 요리가 아주 맛있지는 않아도 건강하고 깔끔하게는 잘 만들어요. 그리고 점점 건강에 신경을 쓰면서 더 그렇게 되기도 했고요. 20~30년 전에는 중식도 잘하고 그랬지만, 그런 요리를 집에서 잘하지는 않잖아요? 튀김을 안한지도 한참 됐고요. 요즘엔 거의 스토브로 찜 정도를 익히는 조리만 하고, 굽는 것도 거의 안 해요. 예전과 비교해 스타일이 많이 바뀌었죠. 양념 쓰는 것도 정말 소금, 후추, 기름 정도로 최소한만 쓰고 있고요.

이용재　그렇게 요리를 배우셨군요.

송원경　네, 근데 요새는 건강식이랑 마크로비오틱에 관심이 있다 보니까 어디까지 제가 알고 손을 대는 게 요리인지 모르겠어요. 최근에 제주에 냉이를 캐러 갔었는데 당혹스러웠던 게, 제가 어떤 게 냉이인지를 모르겠는 거예요. 무섭잖아요. 저게 풀일 수도 있고, 진짜 냉이일 수도 있고. 농업에 대해서 너무 모르니까, '농사를 지어 봐야 하나?' 이런 생각도 들었고요. 물론 그건 좀 힘들 죠. 그래도 재료에 대해서 공부를 많이 하고 있어요. 그 릭 요거트도 집에서 발효시켜 먹고 있고요.

이용재 그릭요거트는 손이 꽤 많이 가잖아요?

송원경 이제 기계가 잘 나와서 너무 간단해요.

이용재 요즘은 맞아요. 기계가 한꺼번에 유청 빼는 것까 지 다 해 주더라고요.

송원경 유청은 거르긴 해야 되더라고요. 저는 두 번 뺐 어요.

이용재 장도 직접 담그시나요?

송원경 시도는 해봤는데, 된장, 간장 만드는 건 너무 힘 들어서 못 하겠더라고요. 메주를 만들기까진 해봤어요. 근데 냄새도 나고 잘 되지도 않아서 안 되겠더라고요. 그래서 메주는 사는 걸로 정했어요. 그러니까 일단 다 시도는 해보고 있어요. 어디까지 내가 할 수 있고, 어디부터 사야 되는 지를 판단하는 과정인 거죠. 또 요새는 남편에게 요리를 가르치고 있어요.

이용재   아~ 그러세요? 이거 재밌는 이야기다.

송원경   저희 남편 나이가 예순이에요. 근데 남편한테 요리를 가르쳐주니까 재밌어하더라고요.

이용재   오… 그런 경우가 드문데.

송원경   네, 근데 남편 친구들도 이제 은퇴한 사람도 많고, 또 이때쯤이면 여자들이 음식 하기 싫어하는 나이거든요. 그래서 자기들끼리도 초대해서 남자끼리 음식 해서 먹고 그러더라고요. 제가 뭔가 요리를 하고 있으면, 이건 어떻게 하냐고 물어보고. 그렇게 하나씩 가르쳐주니까 어느 순간 제가 안 해도 그들이 자연스럽게 요리를 해서 먹게 되더라고요. 그래서 학교에서도 남자 요리 교실을 한번 해봤어요.

이용재   어떠셨어요?

송원경   저희가 김포공항 근처에 있는 학교라 승무원 남자들이 많았거든요. 그분들은 좋아했고, 수업도 잘 됐는데, 내일 배움 카드를 쓸 수 있게 했더니 그 외 일반인들이 좀 많아졌어요. 그러다 보니까 요리를 배우러 오기보 단 '싸가는 거 없냐'고 물어보는 사람들도 많아지고 해서 운영하기가 좀 힘들었거든요. 그래서 저희는 그만하긴 했는데, 앞으로 이런 식으로 남자들의 요리 클래스가 많 아질 것 같아요. 남자들이 요리를 할 줄 알면 가정이 더 건강해지는 것 같더라고요.

이용재   그렇죠. 근데 그러면 원경 님 부군 되시는 분 주 변 분들도 요리를 많이 배우세요?

송원경   네, 이제 저희 남편이 손님들 초대하면 본인이 한 음식은 '이거는 내가 한 거야' 이렇게 얘기를 해요. 그 러니까 자기네들끼리 또 배틀이 되는 거죠. '나는 된장 찌개 끓일 줄 알아', '나는 계란말이 할 줄 알아' 이런 식 으로요. 그러면서 남편 손님들이 저한테도 '시간날 때 저 도 가르쳐주세요' 막 이래요.

이하림   귀여워요!

송원경   또 저희 조카들이 다 결혼했는데, 보니까 가족 모임하면 요리는 전부 남자애들이 하더라고요. 스테이 크도 너무 잘 굽고, 너무 잘 하더라고요.

이하림   고기 굽는 건 저희 집도 남편이 해요.

이용재 　아, 그래요? 미래가 어둡지만은 않구나….

송원경 　네, 남편이 요리를 배우니까 확실히 변하긴 했어요. 오늘 아침에 제가 냉이 떡국을 끓여 먹고 왔는데, 전에는 남편이 냉이는 안 먹고 다 건져냈거든요. 그런데 오늘은 냉이를 보더니 '이거는 어디서 사고, 어디서 나냐'는 거예요. 그래서 '이런 거는 할머니들이 캐는 거지!' 그랬더니, '이건 캐는 거냐. 근데 이렇게 추운데 땅에서 뭐가 나오냐' 이러면서 관심을 가지더라고요.

이용재 　그렇죠, 아까 저도 말씀드린 것처럼 요리를 하면 비단 기술이 생기는 것뿐만 아니라 식재료 전체에 대한 관심과 이해도 넓어지는 긍정적인 효과가 있죠.

송원경 　제가 아까 자기소개하면서 해보고 싶다고 한 게 이런 식의 음식에 대한 교육이에요. 일본에선 '쇼쿠이쿠'*라고 그러는데, 한국어로는 정확히 어떻게 풀어야 할지 모르겠어요. 식사 교육으로 풀어도, 먹는 교육이라 풀어도 의미가 다 안 담기더라고요. 정말 '잘 먹는 교육'이잖아요. 일본인들은 정말 어렸을 때부터 건강한 재료를 알고, 또 재료를 잘 살리는 것 같아요.

＊ 한국어로 '식육(食育)'이다. 바른 식생활 교육, 심신 건강의 기본이 되는 식생활에 관한 여러 교육을 의미한다

이용재 재료가 또 좋기도 하고요.

유튜브로 배우는 요리의 장단점

이용재 앞서 제가 '푸드 네트워크'라는 채널을 통해 요리 독학을 했다고 말씀드렸잖아요. 지금은 어플도 있지만, 당시에는 이 채널에 나온 어떤 음식이 맛있겠다고 생각이 들면 연계된 인터넷 홈페이지에서 레시피를 검색했어요. 안 만들어본 음식을 만들 때 필수적으로 필요한게 레시피랑 완성된 음식을 시각적으로 볼 수 있는 이미지거든요. 당시에는 이 채널이 그 두 가지를 갖추고 있었고, 계속 요리를 하다 보니까 어느 시점에서는 제가 레시피만 가지고 음식을 할 수 있게 되더라고요. 요즘은 요리를 배우기는 훨씬 더 좋은 세상이라고 생각해요. 인터넷이나 유튜브에 조리법들이 너무 많잖아요. 물론 그런 조리법들에 다 동의할 순 없지만, 토마토 달걀 볶음을 하더라도 너무나도 많은 레시피와 시도들이 있기 때문에 그것들을 쭉 보고 장점들을 다 흡수해서 요리할 수 있는 상황이 된 것 같아요.

김남윤 이게 책에도 좀 나왔던 내용인데, 데일리 클래스를 간다거나 학원을 찾는다거나 그렇게 하는 분들도 계시는데 저는 그냥 유튜브로 요리 영상 보는 게 사실 좀 편하더라고요. 내가 원할 때 짧은 시간 안에 볼 수 있다는 점에서 가성비도 좋고요. 요즘 트렌드이기도 한데 레시피 영상 길이가 짧아요. 3분짜리도 있지만, 1분 미만으로 나오는 쇼츠들도 많죠.

이하림　게다가 그 짧은 걸 또 원하는 부분만 볼 수도 있잖아요.

김남윤　맞아요. 그래서 저도 가끔 자취하는 사람들이 집밥을 어떻게 맛있게 먹는지나, 남은 식재료들을 어떻게 조리하면 되는지 그런 영상들을 심심할 때 보거든요. 그러면 '나도 할 수 있지 않을까?' 생각이 들어요. 유튜브 자체가 요리 콘텐츠가 많다 보니까 정말 전문적인 조리를 하는 프로와 비슷한 준전문가의 식단부터 자취할 때 빨리 써먹을 수 있는 요리까지 되게 다양하거든요. 저는 아마 본격적으로 요리를 한다고 해도 책을 사기보단 유튜브를 서핑하면서 할 것 같아요.

이용재　물리적 매체를 가지기 싫으신 거죠?

김남윤　꼭 그런 건 아닌데 옛날 같았으면 '책을 보고 해야지!' 했는데 지금은 영상으로 보는 게 편리하고 빠르다는 생각이 드는 거죠.

이용재　그런데 제가 궁금한 것은 유튜브의 장점만 있나

요? 유튜브 영상들을 보시면서 '이런 점은 좀 아쉽다' 그런 거는 혹시 없나요?

김남윤 그런 거는 있어요. 인스타그램이든 유튜브든 실제로 유용성을 준다기보다 겉으로 보기에 괜찮아 보이는 거 위주로 좀 많이 뜨기는 하더라고요. 그러니까 어떤 조리 영상이 있는데 보면 되게 예쁘게 꾸며놨어요. 북유럽식의 하얀 식탁에 음식이 차려져 있는데, 한국 일반의 옛날 가정집에선 나오기 힘든 것들이 아무렇지 않게 차려져 있는 거예요. 물론 예뻐서 저도 그 영상을 보는데, 막상 그만큼의 재료를 실제로 구비하고 그런 분위기를 내려면 굉장히 손이 많이 갈 게 보이죠.

이용재 그렇죠. 그렇게 보이려면 또 관리해야 되고요.

김남윤 그러니까 겉보기에만 좋아 보여도 좋은 거라는 식의 영상이 많긴 한 거죠. 사실 저도 그냥 그런가 보다 하고 넘어가지만요.

이하림 감성적인 것들도 많죠. 근데 저는 유튜브의 장점이 그런 거라고 생각해요. 진입 장벽이 좀 낮아졌다랄까? 저희 엄마 같은 경우에는 연세가 예순일곱이신데 유튜브를 보고 새로운 요리를 하세요. 전혀 엄마가 만들 거라고 생각하지 않았던 거를요.

<u>이용재</u>　예를 들어서 어떤 거요?

<u>이하림</u>　예를 들면 문어 세비체(Ceviche: 생해물을 레몬즙 등 산에 버무린 남미의 요리)요. 그래서 '이게 뭐야!?' 그러면 '컬리 상위에 있길래 어떻게 만드는지 유튜브로 보고 한번 해봤어'라고 해요. 저희 엄마가 마켓컬리를 쓰시거든요. 그리고 '이 맛인지 나도 잘 몰라. 근데 그냥 보고 했어'라고 하는 거죠. 그러니까 뭔가 새로운 것에 도전하는 게 유튜브로 인해 더 쉬워지긴 했어요. 건강한 것도 있고, 건강하지 않은 것도 있지만, 일단 다양해지는 거죠. 그런 것들은 저는 장점이라고 생각해요. 다만 제가 며칠 전에 유튜브에서 모임장님이 호떡 만드신 걸 보고 '호떡을 해 먹어야지' 이러면서 유튜브를 찾아서 호떡을 했는데, 제가 아무 생각 없이 반죽을 스테인리스 볼에다 했더니 발효가 안 되더라고요.

<u>송원경</u>　스테인리스에다 해도 발효되는데?

<u>이용재</u>　맞아요, 발효되는데?

<u>이하림</u>　발효가 잘 안 되더라고요. 그리고 유튜브에 '몇 분 발효합니다' 이렇게 쓰여 있는데 '어디서, 몇 도에서' 이런 게 전혀 없으니까, 집이 좀 추워서 그런가 싶어서 따뜻한데 놔두기도 했는데, 안 됐어요.

이용재 추워서 그런 거예요.

이하림 네, 영상이 너무 쑥쑥 넘어가다 보니까 불친절한
거죠. 설명도 충분하지 못하고요. 물론 길면 사람들이
또 안 보니까 짧게 만들 수밖에 없지만요.

이용재 짧은 영상에선 상태에 대한 설명을 안 해주니까
요. 사실 이게 저도 많이 고민되는 지점이에요. 요리책,
레시피, 영상 이런 것들이 궁극적으로는 지식과 정보를
전달해야 되는데, 이제는 라이프스타일 전시를 위한 수
단이자 도구가 돼버리더라고요. 그런 세태가 저는 좀 못
마땅해요. 지금 말씀하신 겨울에 빵을 발효시키는 방법
도 다 있거든요? 사실 저도 작년 연말까지 쓴 책 때문에
최근에 나온 관련 요리 서적들을 여러 권 사서 읽었거든
요. 근데 그 책에서 요리를 한다는 사람이 '겨울이라 발
효 빵이 안 된다'라는 식으로 써 놨더라고요. 원경 님은
이해가 안 되시죠? 왜냐하면 방법이 있잖아요. 저 같은
경우는 오븐에 뜨거운 물을 담아서 넣어놓고, 오븐 안의
온도를 따뜻하게 유지시켜요. 그리고 기본적으로 반죽
하는 물을 너무 차갑게 하지 말아야죠. 온도가 낮을수록
발효가 오래 걸리니까요. 그런 식으로 방법이 다 있고,
사실 레시피라는 것은 그런 것들을 전달할 수 있어야 되
거든요. 근데 이게 너무 스타일을 보여주는 데 치우치다
보니까 그러한 것들을 설명을 안 해주는 거예요. 저는

레시피가 궁극적으로 정보와 기술의 전달 매체라고 믿는데, 요즘은 보여주는 데 치중해서 그런 면에 신경을 잘 안 쓰는 것 같습니다.

요리, 나의 감각을 깨우는 최선의 음식 공부

이용재 이제 슬슬 마무리를 하면 될 것 같은데요. 저도 이 책을 읽고 무너진 제 식습관을 다시 쌓는 계기가 됐어요. 사실 작년에 저도 식습관이 굉장히 많이 망가졌어요. 그 전까지는 보통 아침은 간단하게 계란 2개에 토스트 한쪽, 우유 이렇게 먹고, 점심저녁은 직접 밥을 해서 먹었어요. 저는 보통 하루에 2.5끼 정도 먹고, 세끼 다 먹는 게 항상 목표입니다. 왜냐하면 남윤 님은 학창 시절에 아침을 안 먹는 게 습관이 됐다고 했지만, 저희 집은 반대였거든요. 아침을 못 먹으면 학교를 못 갔어요. 아침에 눈 뜨면 밥맛이 없어도 꾸역꾸역 먹고 가야됐는데, 그러다 보니까 세 끼 먹는 게 지금까지도 습관이 됐어요. 그리고 이제는 직업인의 정신으로 가급적 내가 만든 음식으로 세 끼를 잘 챙겨먹으려고 합니다. 음식평론가라고 하면 일단 내가 최대한 잘 먹어야 된다고 생각하거든요. 근데 작년에 제가 원래 하던 일들에 별도로 책에 관한 원고를 쓰면서 굉장히 바빠졌어요. 너무 바쁘니까 음식을 하는 욕구, 저는 그거를 '밥머리'라고 그러는데요. 밥머리가 돌아가지 않는 거예요. 밥 할 시간이 없지는 않아요. 그런데 뭐랄까, 집에서 밥을 해서 아무거나 있는 거를 먹어도 3, 40분이면 먹는데, 그 배고픔을 참아서 배달을 시키고 한 시간 기다려서 먹는 악순환이 계속 반복됐어요. 그래서 작년 말까지 건강도 굉장히 안 좋아졌죠. 물론 책을 쓸 때는 기본적으로 건강이 안 좋아져요. 그래서 지금은 약간 회복 단계에 있어요. 그래서 요즘의 목표는 몇 끼를 먹든 최대한 '내가 한 밥을 먹자'입니다. 저는 혼자 사니까 그것이 이제 '집밥을 먹자'인데, 최대한 온전한 식사를 해 먹으려고 하고 있어요. 그래서 요새 밥은 보통 현미랑 백미랑 반 정도 섞어서 먹고 있고요, 반찬도 많이는 안 하더라도 1식 3찬 정도는 하려고 노력합니다. 그런 식으로 약간은 무너진 상태를 다시 쌓고 있는 과정이에요. 다른 분들도 돌아가면서 오늘 책모임에 관한 소감을 얘기해보죠. 이번엔 남윤 님부터.

김남윤 저는 책 읽고 나서 음식이나 요리에 대한 자의식에 대해서 좀 고민해 보게 된 것 같아요. 그러니까 책에서도 나왔던 얘기지만 사람들이 전체 칼로리에 관해선 그동안 신경 써 왔지만, 구체적으로 어떤 영양소와 균형이 맞는지에 대해서 신경쓴 건 비교적 그렇게 오래되지 않았다는 점이 지적이 됐잖아요.

이용재 전체 영양소와 균형에 관해 신경 쓴 건 대략 100년 정도 됐을 거예요.

김남윤 네, 그래서 저도 칼로리만 보고 '오늘은 이 정도 먹었으니까 딱 알맞게 먹었네'라고 평소에 생각했는데, 그 칼로리의 구성을 생각해보면 멕시칸 타코 이런 걸로 굉장히 고열량의 나트륨이 들어간 것을 먹거든요. 이런 걸 생각해보면 칼로리 등의 절대량뿐만 아니라 어떻게 조리된 것을 먹고, 이거를 어떤 식으로 섭취해야 하는지에 관해서 일상에서 고쳐야 될 게 많다는 의식이 생기더라고요. 그 점에서 저는 이 책이 개인적인 차원에서 음식과 요리에 관한 자의식이 생기게 만들어준 것 같아요. 그러다보니까 한국 식문화 전반에 대한 생각이 들더라고요. 제가 평소에 먹는 건 어쨌든 한식이니까요. 모임 장님도 잠깐 말씀하셨지만, 이 책에서 나물과 채소의 예시를 들며 한국을 긍정적인 사례로 들잖아요. 근데 과연 그런가 고민이 되더라고요. 예를 들면 나물, 채소 많이 먹는다고 하는데, 외국에서 비건이나 부분적으로 채식 하시는 분들이 막상 한국에 왔을 때 순수하게 고기가 안 들어간 한식이 잘 없는 거예요.

이용재 채식 식당도 부족하고요.

김남윤 그러니까 반찬 한두 가지는 그럴 수 있는데, 육수에서부터 고기를 쓰는 게 지금은 많잖아요. 그래서 엄밀하게 놓고 보면 과연 우리가 먹는 전통식이라는 것 혹은 현대의 우리 입맛이라는 게 과연 객관적으로 어떤 걸지 궁금하더라고요. 그런 점에서 딱 생각났던 게 한국판 미슐랭에 등재된 식당 중에 가끔 북한 요리 전문이라고 하는 곳이 있잖아요. 그런 곳을 몇 번 가봤는데, 아무런 맛이 안 나는 거예요. 근데 많은 사람들이 이걸 자꾸 맛있다고 하잖아요.

이용재　소위 '슴슴'하다고 하죠.

김남윤　그런 곳에 가면 나이 드신 분들은 '이게 되게 옛날에 먹던 맛이야'라고 좋아하는데, 제 또래 젊은 친구들은 다 맛없다고 그러더라고요. 그러니까 과연 뭐가 한국적인 건지 혼란스러운 거예요. '여기는 왜 선정이 돼서 사람들이 한 시간씩이나 기다리면서 들어가는 걸까?' 이런 생각도 들고, '한국적'이라고 생각하는 것에서 이미 세대차이가 있는데, 음식 맛과 무관하게 유명해진 곳은 그냥 유명하니까 들어가는 경향도 있는 거죠. 근데 한편으로 프랜차이즈나 이런 데에서는 '단짠단짠'의 즉각적이고 자극적인 맛이 유행하는 것을 보면 한국 사람들이 건강하게 먹고 있는 것 같지도 않아요. 그러니까 막연하게 '한국 전통 음식은 다 건강하고 맛있는 거야'라고 하는거랑 현대 한국인은 실제로 먹고 있는 것 사이에서, '나는 어떻게 먹어야 될까?' 이런 점들이 책을 읽고 나서 들었던 생각이에요.

이용재 '내가 무엇을 먹고 있는지 알자'라고 이 책의 에 필로그에도 나와 있죠.

이하림 그런 부분에 있어서 나를 테스트해볼 수 있는 가장 좋은 방법이 '요리'인 것 같아요. 이 책에서도 '취미 요리사'라는 말이 나오잖아요. 저는 그 말을 엄청 긍정적으로 봤어요. 이 책을 읽고 식습관을 어떤 방향으로 어떻게 변화시킬지 고민할 때, 그 말이 힌트가 되기도 했고요. '취미 요리사'라는 말이 뭔가 굉장히 가볍게 요리에 접근할 수 있게 해주는 말인 것 같잖아요. 박혜진 작가님이 쓴 《숲속의 자본주의자》라는 책을 읽었었는데요. 그 책에서 나오는 분들이 한국에서 은퇴하고 미국으로 이주해서 자급자족하려고 노력하는 분들의 이야기예요. 거기서 '누군가의 희생이나 힘듦을 강요하는 요리는 그만해야 된다'라는 말이 나오는데, 저는 그 말에 동의해요. 근데 이 책하고 같은 맥락으로 봤을 때, 양을 줄이고 질을 높이되 누군가의 희생이나 힘듦을 강요하지 않으면서 즐거운 요리를 하는 게 '취미 요리사'라는 생각이 들었어요. 그래서 앞으로 저도 취미 요리사로서 함께하는 식사 시간을 즐겁게 할 방법에 대해서 좀 더 생각하고 싶어요. 식사를 만드는 데, 가족의 참여를 유도하고, 좋은 음식과 즐거운 대화가 있는 식사를 가족과 함께 만들고 싶은거죠. 그러면 제가 요리를 하는 데에도 상대적으로 덜 힘든 기분이 들 것 같아요.

이용재 원경 님은 마지막으로 하고 싶은 말씀은?

송원경 결론적으로 제겐 건강한 음식에 관해서 한번 더 생각할 수 있게 만들어준 책이에요. 저는 요새 또 신경 쓰는 게 '마이크로바이옴 식탁'이라고 해서, 장내 세균을 위한 음식이거든요. 이 책에서도 조금 다뤄놨더라고요. 개인적으로 관심이 있어서 '피비오'라는 어플로 제가 장내 세균이 좋아하는 음식을 어느 정도 먹었는지도 계산하고 있어요.

이용재 주로 어떤 음식을 먹으면 좋나요? 요거트나 그런 거예요?

송원경 뿌리 채소류? 그 어플에서 뭘 먹었다고 하면 그걸 한번 계산을 해서 알려주더라고요. 장내 세균이 좀 안정이 되면 소화 안되는 건 좀 다 잡아줄 수 있거든요. 근데 그게 옛날 우리가 발효 맨날 강조했던 거랑 이어지는 내용인 것 같아요.

김남윤 저도 책에서 나온 지중해식 식단을 좀 먹어보려고 준비하고 있어요. 아까 모임장님이 담배 대신 토마토를 상자로 산다고 했는데, 저도 항상 토마토를 생으로 반찬처럼 먹거든요.

이하림　간 안 하고요?

김남윤　네, 아무것도 안 하고 그냥 썰어서 김치 옆에 놓고 하나씩 집어먹어요. 저희 집은 샐러드도 드레싱 없이 무조건 생으로 먹거든요. 근데 이 책 읽으면서 느꼈던 것 중 하나는, 저는 살면서 몸에 좋은 거랑 맛있는 거를 자꾸 분리해서 생각했던 것 같아요. 어렸을 때도 '몸에 좋은 거는 입에 쓰지만 먹어야 돼'라는 얘기를 계속 듣고 자라니까, 저는 맛있으면 몸에 안 좋은 거라는 생각이 들거든요. (웃음) 근데 제가 7, 8년 전쯤에 터키랑 그리스에 성지순례를 간 적이 있었는데, 거기서 버스 타고 돌아다니면서 호텔과 현지 식당에서 밥을 먹었어요. 근데 어딜 가도 식당에서 채소를 그냥 생으로 던져주는 데가 없더라고요. 그러니까 다 조금씩은 뭔가 조리를 해서 내놓는데, 이게 먹으니까 풍미도 느껴지고 맛있는 거예요. 이 책을 읽으면서 그때 기억이 떠올랐어요. 그러면서 '나는 왜 채소를 극단적으로 생으로만 먹을까? 왜 나는 건강과 맛을 극단적으로 나눌까? 과정도 건강하고 결과물도 맛있는 것을 얼마든지 해볼 수 있지 않을까?'라는 생각이 들더라고요.

이용재   저는 제가 음식을 할 줄 알지만 정말 쉽지 않은 일이라고 말해요. '나는 집밥 만능주의자가 아니다. 다만 집밥을 했을 때의 나의 시야와 식견이 넓어지는 게 결국은 나에게 도움이 된다. 그랬을 때 나의 감각을 좀 더 잘 이용하게 되지 않을까' 그런 생각을 합니다.

이하림   저는 아이한테 요리할 때 콩나물 같은 거 다듬게 시키고 그러거든요. 그러면 어느 순간에 아이가 그래요. '엄마! 콩나물 삶는 냄새가 나! 오늘 밥 콩나물국이야?' 이렇게 얘기를 하거든요. 저는 이런 게 너무 좋은 거예요. 보내는 어린이집에서도 요리 활동을 해요. 선생님들이 대부분 하시지만, 아이들이 그 일련의 과정에 참여하는 거죠. 그래서 그런 교육도 필요하다고 봐요. 어릴 때부터 식재료에 대한 충분한 경험이 필요하다는 거죠.

김남윤   저는 군대에 취사병으로 있을 때를 제외하면 사실 그런 교육을 받았던 게 가물가물한 것 같긴 해요. 유치원이나 초등학교는 사실 거의 기억이 안 나는데, 중고등학교 때 기술가정 시간은 기억이 나요. 한 학기에 1~2시간 실습 시간을 제외하면, 그냥 책 펴놓고 이 영양소가 몸에 들어오면 어떤 질병이 예방되고, 탄수화물은 어떻게 분해되고, 이런 거를 배우는데 막상 기억에는 안 남았어요. 그냥 글로만 보고 실질적으로 내가 뭘 접하고 있는지에 대한 시각적인 거나 촉각을 자극할 만한 경험이 기억으로 안 남다 보니까 성인이 돼서도, 뭐가 어디서 자라고 어떻게 오는지에 대한 감이 단순히 공교육만으로는 쌓이지 않는거죠.

이하림　그렇죠. 거기다가 주로 입시 위주의 수업이고, 가정 수업에서 배우는 요리라는 게 딸기잼이라던가, 과일화채 이런 종류의 것이었고 또 요리만 배우는 건 아니었으니까요. 요리를 온전히 배울 수 있는 기회가 교육과정에는 없죠.

이용재　그래서 해답은 결국 약간의 요리인 것 같아요. 그리고 그 요리를 통해서 자신의 감각을 이용하는 법을 배우게 되지 않을까 싶습니다.

이하림　결국에 이 책이 하고 싶은 이야기가 그런….

이용재　어느 정도 요리를 할 줄 알아야 음식과 나의 식사에 관해서도 더 잘 알 수 있다는 거겠죠. 그럼 이제 마무리할까요?

음식과 나의 관계
송원경

오늘도 물과 유산균만 먹고 출근했다. 커피로 정신을 차
리면서 점심은 직원 식당도 물려 배달 음식을 시켜볼까
하다가 저녁에도 외식이나 배달 음식일 수 있으니 생각
을 접는다. 주중의 망가진 식단을 보상이라도 하듯이 주
말은 내가 직접 만든 음식으로 최대한 자연식 보양식으
로 챙겨 먹으려 노력한다. 내 식생활 패턴만 봐도 주중
과 주말 음식이 참 차이가 크다.

EAT PRAY LOVE

사람을 좋아하는 나는 작은 파티라도 만들어내어서 모
여서 먹고 마시는 시간을 즐긴다. 아니 즐겼던 사람이
다. 좋은 재료를 선택하여 감각적으로 요리하고 일도 뜻
이 맞는 사람과 열정적으로 완성해가는 삶이 가치가 있
다고 생각했었다. 그런데 어느 시기부터 사람도 음식도
한번은 의심하게 된다. 요즘은 제철에 나오는 자연식재
료처럼 냉장고나 하우스가 필요하지 않은 말 그대로 '신
이 창조한 음식'은 믿고 먹게 되고 '사람이 만들어낸 음
식'은 한번 생각해보고 먹는편이다. 기꺼이 나의 음식과
수고를 조건 없이 줄 수 있는 신뢰할 수 있는 사람들과

재료의 맛을 그대로 살려낸 최소한의 조리를 거친 담백한 음식이 함께 할 때 제일 편안하다.

4계절과 24절기

어른의 맛이라고 하던가? 나이 드니 입맛이 변했다는 말을 많이들 한다. 가을쯤 되는 나이를 갖게 된 나 역시 토란이나 호박처럼 안 먹던 음식도 먹게 되고 단짠맵짠 같은 자극적인 음식에는 점점 손이 안 간다. 어쩌면 음식도 성장기 청년기 중장년 노년의 나이처럼 내 몸에 맞춰 변화해가며 나를 위해 평생 함께하는 친구라는 생각이 든다. 갈비 7인분을 먹고도 45킬로 몸무게를 유지하던 봄여름 같은 화려한 이십 대가 있었다면 가을의 나는 조금만 먹어도 살이 찌든 지 자주 체한다. 나무가 낙엽으로 무거운 잎들을 내려놓고 뿌리에 에너지를 모아 겨울을 나듯이 위와 장을 건강하게 만들어겨울을 대비해야 하나 보다.

우리나라에 사계절이 있고 절기마다 먹는 음식이 있어서 얼마나 다행인지 모른다. 봄나물을 제때 챙겨 먹는 것과 같은 식재료가 가장 맛있을 때를 놓치지 않고 맛보는 것. 보름마다 다가오는 절기만 챙겨 음식을 먹어도 일 년 메뉴가 풍요롭다. 24절기에 맞는 제철 재료가 가장 맛있는 시간을 즐기고 또 다음 해 재료가 나올 때를 즐겁게 기다리며 미식을 추구하는 일은 생일처럼 추억으로 남아 일상이지만 나의 스토리가 된다.

균형

케이블방송의 푸드채널 이후 20여 년 음식콘텐츠는 무섭게 성장하였고 유튜브 같은 개인 채널이나 홈쇼핑의 식품 마케팅은 음식을 더 자극적으로 만들어내고 비법 달인 먹방 같은 것들은 지치게까지 만든다. 오히려 〈나는 자연인이다〉, 〈한국인의 밥상〉 같은 프로에 채널이 멈추는데 10년이 넘는 장수 프로로 자리 잡은 걸 보면 팬데믹을 겪으면서 건강한 우리 음식에 대해서도 세상의 관심이 깊어지고 있다는 생각이다.

가정교육과를 졸업하고 요리선생님으로 10년 푸드스타일리스트 파티플래너로 10년 동안 음식을 경험하고 호텔외식교육기관 운영을 맡아 근로소득자로 13년 차 조직 생활에서 스트레스 많고 출퇴근하는 삶에서는 이상적인 식생활을지켜내기가 매우 어려운 일이란 것도 알게 되었다.

음식 관련 영역에서 수많은 재료의 다양한 음식을 접할수록 무엇을 어떻게 먹어야 좋을 것인가에 생각이 많아진다. 기독교이지만 사찰 요리에도 관심이 많고 마크로비오틱이나 아유르베다 음양오행도 관심 분야이다. 모든 이론에서 공통으로 발견되는 것들은 내 몸과의 균형이고 어느 한 곳에 치우침이 없는 중용의 삶이었다. 음식에서 중용이란 몸으로느껴지는 맛을 말하고 그것을 먹어서 몸에 나타나는 효과 '기'로서의 맛도 찾아내며 기운을 내도록 한다. 각자의 이유로 건강을 위한 음식을 찾고 먹고 싶은 음식과 먹어도 되는 음식을 스스로 분류해나가고 있다고 본다.

우리 삶을 유지하기 위해서 꼭 필요한 '먹는 행동'은 결국은 진정한 나를 알아가는 여행처럼 음식을 찾아 떠나고 경험하고 결국에는 내 몸에 맞는 음식을 찾아내어 몸이 최상의 컨디션을 찾도록 하는 중요한 과정이라는 생각이다.

가장 행복할 때가 여행하는 기간인 것처럼 음식과 나와의 관계도 더 행복하기를 바란다.

2장

음식:
나의 모든 선택은 정치적이다

별 다른 의식 없이 걷는 길이 사실은 죽음의 길일 수도 있다면? 우리가 아무런 의심 없이 걸어나가고 있는 일상적 식 생활의 길이 사실은 자멸의 길일 수도 있다. 적어도 마크 비트먼의 책 《동물, 채소, 정크푸드》에 의하면 그렇다. 애초에 우리가 아는 농업은 자연과의 투쟁이었으며, 그 결과 인간은 갈수록 자연과 멀어져 자멸의 길을 걷고 있다. 이런 우리에게 해결책이 있을까? 책을 통해 자멸보다 지속가능성의 기회를 찾아보자.

《동물, 채소, 정크푸드》
마크 비트먼 지음, 김재용 옮김, 그러나

생농생태학

태학적, 사회 경제적 관점에서 농업을 규정·분류하고 연구하는 학문. 농업의 건강을 진단하고, 지속가능한 생산 체계를 발전시키는 데 필요한 생태학적 원리들을 규명하는 방법을 제시하는 것을 목적으로 한다.

에더블 스쿨야드

에더블 교육(Edible Education)은 자연 속에서 직접 느끼고 체득하는, 살아 있는 교육이다. 2008년 재단법인 글로벌에듀의 이우영 이사장이 미국 에더블스쿨야드프로젝트(ESY; Edible School Yard Project)를 버클리에서 목격하면서 국내에 처음 도입했다. ESY는 미국 마틴루터킹중학교의 빈 주차장을 텃밭으로 일구어 이를 교육 현장이자 소재로 활용, 직접 느끼고 볼 수 있는 살아 있는 창의적 교육의 장으로 만든 것을 말한다. 재단의 미래전략연구소 음원선 실장은 2009년부터 이를 연구하기 시작하여 2012년 아시아 최초로 ESY 프로그램에 가입하고 미국 명문 사립학교인 페어몬트사립학교(FPS; Fairmont Private School)와의 MOU 체결을 통해 미국 교육 커리큘럼과 자연주의를 결합한 에더블 교육을 국내에 탄생시켰다.

공동육아 어린이집

공동육아어린이집이 다른 유치원, 어린이집과 무엇이 얼마나 다른가 한마디로 말한다면 '살아있는 생명인 우리 아이들에게 열려있는 세계를 만들어 주자'는 것이라고 할 수 있다. 공동육아 어린이집은 아이들이 호기심 어린 눈으로 자연을 탐색, 관찰하고 자연의 생명력을 몸으로 느끼게 하고 행복해 할 수 있도록 도와주고자 한다. 아이들 스스로의 힘으로 자연스럽게 성장하도록 북돋아 주는 환경을 만들어 주고자하는 절실한 요구에서 시작되었다.

로컬푸드

로컬푸드는 소비되는 곳과 가까운 거리에서 생산되는 식자재, 혹은 그 식자재로 만든 음식을 말한다. 그 공급망이 기존의 대형 슈퍼마켓 시스템과 다른 것이 특징이다. 로컬푸드 운동은 로컬푸드를 소비함으로써 환경 보호와 생산자의 안정적인 소득 구조 창출, 소비자의 안전한 먹거리 확보로 생산자와 소비자의 신뢰성을 형성하고 지역 경제 발전 등에 기여하자는 사회적 움직임이다.

할랄 육류 인증

할랄 고기는 이슬람 율법에 따라 도살되고 준비된 고기다. 이슬람 율법에 따르면 고기가 할랄로 간주되려면 특정 방식으로 동물을 도축해야 한다. 동물은 알라의 이름을 암송하고 날카로운 칼로 동물의 목을 재빨리 자르는 무슬림에 의해 도살되어야 한다. 할랄의 도축 과정은 다비하로 알려져 있으며 동물의 고통과 아픔을 최소화하도록 설계되어 있다. 할랄 푸드는 이슬람 율법에 따라 허용되고 합법적인 모든 음식이며, 육류뿐만 아니라 과일, 채소, 곡물 및 유제품도 포함된다.

개인적이기만 한 선택은 이제 없다

<u>이용재</u> 3주가 금방 가네요. 다들 안녕하셨는지요. 두 번째 책은 《동물, 채소, 정크푸드》였는데, 어떻게 읽으셨어요? '큰일이야, 큰일' 이런 생각 들지 않으셨어요? (웃음) 책의 절반 정도 읽을 때는 '우리가 별다른 의식 없이 걷는 길이 사실은 죽음의 길일 수도 있다', '우리가 기껏해야 하루 세 번 먹는 밥과 몇 번 선택하는 간식들이 사실은 환경 파괴와 더 나아가 인류의 멸망에 지대한 영향을 미치는 상황이라면 어떻게 해야 하는가?' 이런 얘기를 하고 있단 말이에요. 우리가 지금 선택하고 있는 것이 굉장히 오랜 세월에 걸쳐서 우리가 모르는 사이에 이런 선택을 할 수밖에 없도록 만들어졌으며, 그러한 선택에 의해서 사실 우리의 현실이 점점 더 나빠지고 있다. 머리가 복잡해지는 거죠. 밥 먹다 갑자기 숟가락을 쳐다보면서 '이렇게 먹어도 되나?' 이런 생각을 하게 되는데 그렇게 절망적인 얘기를 역사적 맥락과 함께 쭉 얘기를 하지만, 그럼에도 마지막에는 아직까지는 우리가 달라질 수 있다는 얘기를 합니다. 궁극적으로 책을 다 읽고 나면 '그래서 뭐가 달라질 수 있나? 어디에서 달라질 수 있다는 거야?' 이런 생각이 드는 거예요.

마크 비트먼은 굉장히 오랫동안 활동한 공신력 있는 푸드라이터입니다. 지금은 사실 거의 은퇴했지만, 뉴욕타임스에서 주로 음식 관련 칼럼을 썼고요. 원래 뉴욕타

임스가 문화의 한 측면으로써 음식 지면에 굉장히 많은 노력을 할애하거든요. 마크 비트먼은 뉴욕타임스의 요리 파트 콘텐츠를 굉장히 오래 했어요. 저자 약력을 보면 알 수 있지만, 1987년도부터 시작했죠. 나이도 지금 70대 정도 됐을 거에요. 이 책 말고도 《식품 주식회사》라는 책도 추천드리고 싶은데, 절판됐습니다.

사실 우리의 위기를 말하는 책들은 많아요. 그리고 그 책들을 읽고 있으면 정말 많은 위기의식과 더불어 죄책감까지 드는 경우가 있습니다. '내가 이렇게 의식 없이 선택하면 안 되겠구나' 근데 그렇다고 우리가 아주 의식 없이 생각하냐면, 또 그렇지도 않아요. 지난 번 읽은 《식사에 대한 생각》에서도 '음식과 식사에 대한 선택을 완전히 내려놓은 사람은 사실 없다'는 내용이 나오잖아요. 그러니까 생활 여건이나 경제적으로 아주 어려운 경우가 아니라면, 우리는 모두 어느 정도 건강에 대해 선택하고, 건강에 대해 의식을 하고, 최소한의 자기방어 체제를 유지하고 살고, 그리고 그러한 자기방어 체계가 사실은 이 책에서 얘기하는 어느 정도의 지구와 환경을 위한 방어 체계가 되긴 되는 거예요. 왜냐하면 '초가공식품 피하라' 이런 것들이니까요. 근데 또 우리가 음식을 어떻게 먹어야 한다고 막 얘기를 하지만 실제로 모든 사람에게 맞는 표준 건강 식단이랄지, 이런 것들을 만들어낼 수가 없어요. 왜냐하면, 모든 사람이 다 너무나 다른 시스템이기 때문입니다. 그래서 이 책에서도, 사람들을 모아서 가두지 않는 이상 모든 사람들을 같은 조건 아래 둘 수 없기 때문에 어떤 식단이 사람들에게 어떻게 영향을 미치는지에 관한 연구가 정확할 수 없다는 얘기를 하죠. 일단 저는 읽으면서 이런 생각이 들었는데, 여러분들 전반적으로 책을 어떻게 읽으셨는지 의견을 한번 좀 나눠보죠. 오늘은 남윤 님부터 시작할까요?

김남윤 저는 일단 책 자체는 재밌게 읽었어요. 음식 자체를 과학적·역사적·정치적 맥락을 엮어서 폭넓게 조망한다는 점에서 재밌게 읽었고. 저자의 주장에 대체로 동의를 하지만 결론에서 결국에는 고양이 목에 방울 걸기로 끝나는 것 같은 느낌을 좀 많이 받았어요.

이용재 '고양이 목에 방울 걸기' 딱 맞는 표현이네요.

김남윤 그러니까 여기 책에서 보면 미국을 중심으로 설명을 하는데 초가공식품에 대한 규제가 대부분 자율적인 권고 조치에 끝나는 바람에 실질적으로는 미국인의 식습관이나 삶이 건강한 방향으로 개선되지 않는다고 평가를 하더라고요. 그렇다면 결국에는 초가공식품이나 그런 몸에 안 좋은 물질들을 첨가하거나 혹은 토양을 병들게 하는 방식의 공급망을 규제하려면 어떤 식으로든 대기업을 규제하는 쪽으로 이야기가 흘러갈 수밖에 없을 것 같아요. 근데 현실적으로 그 주장에 과연 얼마만큼 동의를 하고 또 지금 좌우 이념의 대립이나 경제적인 이익과 무관하게 이걸 동의할 수 있을지 의구심이 생기더라고요. 결국에는 음식이라는 것을 상품이 아니라 물이나 공기 같은 필수재로 이해하고, 인간의 보편적인 권리로 받아들이는 공감대 형성이 먼저인데, 현실적으로 사회에서 하려면 어렵지 않을까 하는 생각이 들더라고요. 책의 이야기가 음식으로 출발을 했지만, 그 결론에서는 정치적 맥락과 역학관계를 다루고 있다는 점에서 현실적으로 나아가는 것처럼 보이지만, 결국에는 "그 고양이 목에 방울을 누가 달 것인가?"라는 생각이 드는 거죠. 그리고 이런 주장을 하게 되면 또 "너 좌파지? 빨갱이지?" 하는 이야기가 나오는 상황이 눈에 선한 거예요. 그런 의미에서 결론은 조금 아쉬웠지만, 책의 2/3 지점까지 음식을 조망하는 역사는 흥미로웠어요. 서양과 미국 중심으로 설명했지만 그래도 꽤 다채롭게 조망한다는 점에서 재미있는 책이라고는 생각을 했습니다.

이용재 저도 못마땅한 지점이 결론 부분이에요. 마지막에 그냥 해외 사례 들면서 정부가 나서야 한다 이런 얘기를 너무 무심하게 하는 거예요. 물론 그게 전부일 수도 있죠. 말씀하신 것처럼 뭔가 시스템을 바꾸려면 사실 개인의 몫도 중요하지만, 탄산음료를 규제하거나 설탕세를 매기는 것처럼 정부가 나서서 뭔가를 해야 하거든요. 근데 사실 그 가능성만 얘기를 하고 현실적인 차원에서는 얘기하지를 않기 때문에 부족하다고 느껴지는 거죠. 그래서 솔직히 궁금했어요. 원고 마감에 쫓겼나? (웃음) 미국은 한국보다 마감이 엄격하거든요. 위약금도 있고요. 아무튼 이유는 모르겠지만 결론이 너무 용두사미 격으로 끝났다는 생각을 했습니다.

이하림 처음에는 인류의 초기부터 나오니까 '이거 너무 오버해서 생각하는 거 아니야?'라고 생각했는데, 읽다 보니까 저자의 논리에 점점 빠져드는 거죠. 근데 저도 이게 뒤로 갈수록 갑자기 '왜 이렇게 내용이 성의가 없지?' 이런 생각이 들더라고요. "누구야? 네가 할 거야? 내가 할 거야? 아니면 정부가 할 거야?" 이러면서 성의 없이 마무리를 짓는 기분이 들었어요. 그래서 차라리 저희가 전에 읽었던 《식사에 대한 생각》같은 경우에는 그래도 우리가 실질적으로 할 수 있는, 개인으로라도 할 수 있는 부분들에서 얘기해서 굉장히 공감이 많이 되는데, 이 책에선 해결책이라고 내세운 것들이 말로는 정말 아무나 다 쉽게 얘기할 수 있지만 아무도 그것을 할 수 없는 거라서 좀 허무하더라고요. 쉽게 해결할 수가 없는 문제인데, 해결할 수 있을 것처럼 얘기하는 것 같기도 했고요.

이용재 앞에서 떡밥을 깔아놓고, 다 회수하지 못한 느낌이죠.

이하림　음식과 정치의 유기적인 관계에 대해서 그렇게 많이 풀어놓고, 그 뒤에서는 그냥 흐지부지 끝나버리는 느낌이었어요. "아니, 앞에 이렇게 열심히 책을 써놓고 왜 뒤에 가서 이렇게 성의가 없지?"라는 생각을 너무 많이 받았어요.

이용재　그러니까 책에선 먼저 인류가 수렵 채집에서 농업을 하기 시작하면서 정주된, 정착하는 삶을 시작했다는 내용이 나오죠. 근데 농업이라는 것이 사실은 일종의 자연과의 싸움이고 정복이기 때문에 우리가 농업을 계속한다는 게 어쩌면 점점 더 우리의 음식과 환경을 황폐하게 만드는 것일 수도 있다는 내용이 나오고요. 그다음에 그러한 농업이라는 것이 또 식민지나 전쟁 등과 맞물려서 점점 더 대규모화, 단일화, 산업화되면서 우리의 인류에 점점 더 나쁜 영향을 미치고 있다. 이게 결론 전까지 책의 큰 줄기이고, 여기까진 납득이 돼요. 근데 갑자기 이후에 농생태학 얘기가 나오는 거예요. 여기서 갑자기 농생태학이 왜 나오는 걸까? 이러한 주장들이 도달하는 결론은 딱 하나예요. 무엇이냐 하면 모든 농축산업이라는 것이 각각의 작은 생태계가 돼야 한다는 거예요. 한국도 마찬가지지만, 미국은 특히 밀 농사를 한다고 하면 밀만 몇 만 에이커씩 짓고, 옥수수 농사를 하면 옥수수만 몇 만 에이커씩 짓는단 말이죠. 다른 생태계는 다 밀어버리고 밀과 옥수수만 심어놓는 거죠. 즉 저자가 얘기하는 건 이런 단일 생태계가 아니라 콩도 있고 밀도 있고, 과일나무도 있고, 그럼 거기에서 동물도 자연스럽게 노니면서 먹이도, 벌레도 집어먹고, 그래서 거기서 놀다가 계란도 낳고… 그러한 작은 생태계 시스템을 우리 농축산업에 적용시키고, 확산시키자는 거죠. 그러한 시스템들이 점점 더 많아지면은 그것들이 큰 네트워크를 이뤄서 결국 지속가능한 농업이 될 수 있다는 것이 이 책뿐만 아니라 이러한 비판적 음식 책들이 가는 결론인데, 그 결론을 내기란 쉬워요. 근데 그런 결론은 이렇게 음식에 관한 인류의 장대한 역사를 넣지 않고서도 말할 수 있는 내용이 아닐까 싶은 거죠.

이하림 네, 결론에서 이 사람이 하고자 했던 말을 위해 이 앞부분 내용이 필요했던 걸까? 저도 그런 생각이 들었어요.

이용재 저는 이러한 종류의 음식 책들에 대해서 공통적으로 가지고 있는 아쉬움이 있어요. 기본적으로 옳은 얘기는 사실 우리 누구나 할 수 있어요. 이런 책들을 읽지 않아도 사실 할 수 있습니다. 근데 그것을 어떻게 실천할까에 대해서 얘기를 하자면 고양이 목에 방울 달기 얘기를 하신 것처럼 사실 엄청나게 복잡한 문제예요. 물론 이렇게 음식의 역사에 대해서 읽어보는 것 자체는 중요하다고 생각합니다. 다만 다 읽고 나면 "그래서 오늘 저녁은 내가 지구가 망하지 않으면서 나에게 건강한 방법으로 어떻게 먹어야 하지?" 이런 생각으로 머리가 복잡해지기도 하죠.

책에서 중간에 캘리포니아 와인에 관한 얘기가 나오잖아요. 캘리포니아 와인들이 어떻게 해서 출시가 되는가, 만들어지는가 하면 사실 많은 부분 그 포도 다 손으로 따는 거 아시죠? 그러니까 미국 표현으로 '언다큐멘티드'. 즉, 불법 체류 노동자들의 손으로, 노동력으로 이루어지는 착취가 안 벌어질 수가 없어요. 저도 미국에 있으면서 가장 놀란 지역이 캘리포니아였어요. 농장이 정말 끝도 없이 이어져요. 한국인이 생각할 수 없는 규모로 이루어져 있거든요. 근데 그거를 누가 다 경작을 하겠어요. 멕시코 국경을 넘어 온 남미인들이죠. 그러니까 사실 그렇게 보았을 적에 이게 말이 맞죠. 이런 것들을 하나도 생각하지 않고선 음식에 대해서 진지한 대화를 나눌 수 없긴 한데, 그렇다고 해서 우리가 음식에 대해서 진지한 대화만을 나누자고 할 때에는 지금 당장 곡기를 끊어야 될 것 같은 고민에 빠지게 됩니다. 우리가 원하지 않더라도 궁극적으로 모든 음식 선택이 정치적일 수밖에 없는 거죠.

다만 저는 이 책의 주장처럼 지금의 음식 시스템을 완전히 갈아엎을 필요는 없다고 생각해요. 물론 초가공식품과 공장형 축산은 줄여나가야겠죠. 제가 얘기하려는 건, 현대의 최첨단 식품 기술과 경향이 제공해 주는 혜

택과 편리를 완전히 외면할 필요는 없다고 생각하는 거예요. 대표적인 예가 우리가 통닭을 사면 직접 해체를 해야 하는데, 그게 안 해 본 사람은 못 해요. 그러니까 사실 그게 어렵지 않은 게 등뼈부터 잘라내고 닭 다리에다 관절이 있기 때문에 관절 사이로 칼을 넣으면 되지만, 안 해 본 사람은 그 닭만 봐도 일단 긴장을 한다고요. 근데 예를 들어서 닭볶음탕용으로 다 토막이 나서 나온다거나 아니면 부위별로 나온다거나 이런 것들을 현대 축산의 산물이라고 볼 수 있죠. 그렇지만 그것을 활용해서 내가 먹고 싶은 음식을 잘 만들어 먹는 게 안 만들고 배달시켜 먹는 것보다는 낫다고 본다는 거죠.

음식에 관한 정부의 개입은 필요할까?

이용재 391쪽에 음식에 관한 진정한 혁명을 위해서는 정부가 나서서 초가공식품의 생산과 판매를 억제해야 한다는 내용이 나옵니다. 맞는 말이죠. 근데 한국에서는 오히려 덜할 수도 있는데, 이게 미국에선 쉽지 않을 거예요. 왜냐면 미국은 식품 로비스트들이 엄청납니다. 399쪽에는 아이들에게 '콜라와 스니커즈가 행복을 가져다주지 않는다는 사실'을 깨닫도록 해주고, '누가 어떻게 음식을 생산하는지' 가르치는 교육을 해야한다는 내용이 나오죠. 그렇게 해야 앞으로 성인 세대가 식단 때문에 어려움을 겪는 일이 줄어들게 될 거라고 말하고요.

과연 어떨까요? 더 많은 국가 정책적인 차원에서의 노력이 들어가면 개인의 식습관이나 음식에 관한 경향이 바뀔 수 있을까요?

김남윤　저는 정부가 어떻게든 강한 의지를 가지고 '보편적으로 이 정도는 아이들이 먹고 이 정도는 생각해야 해'라는 것을 하면 사실 일정 수준 이상은 변화할 수 있다고 생각은 하거든요. 근데 한편으로는 MZ세대로 갈수록 점점 더 사람들이 개인주의적인 경향이 있고, 기업의 광고나 마케팅도 이제는 알고리즘으로 사람들에게 맞춤형으로 제공하잖아요? 일상의 구석구석까지 침투하는 그런 마케팅을 보면 정부의 정책들이 100% 성공하기는 어렵다는 생각도 들어요. 예를 들어서 '배달의 민족' 같은 경우도 예전에는 '그냥 이런 앱이 있나 보다' 했는데 요새는 인터넷이나 핸드폰 게임하다가도 광고가 그 사람의 알고리즘에 따라 세분화해서 등장하잖아요. 그런 점에 있어서 약간 반반인 것 같아요. 한국 사회의 문화적인 특수성에서 어떤 공공을 위한 정부 정책은 '좋은 건 좋은 거지' 하면서 같이 따라가는 경향도 있고, 그 반대쪽에는 기업의 논리가 파고드는 면도 같이 있는 거죠.

이하림　그렇다면 그 알고리즘을 정부의 정책을 끼워 넣는다면 효과가 있을 수도 있겠네요.

이용재   그런 광고들도 있잖아요.

이하림   네, 있기는 하죠. 사람들이 많이 넘겨 버리긴 하지만.

이용재   그러면 우리가 말씀하신 것처럼 정부가 좀 강력하게 개입을 했으면 좋겠다고 생각하는 음식에서의 어떤 면면들 뭐가 있을까요? 한 가지씩 한번 얘기해볼까요?

송원경   근데 저는 정부가 지금 이상으로 음식에 관해서 개입하면서 규제가 더 강해지는 것보다는 정부는 큰 틀에서만 규제하고 기업들이 자유 경쟁식으로 하는 게 더 나을 것 같아요. 사실 정부는 방송을 통해서 음식에 관해 꽤 많이 개입하잖아요. 방송에 바로 얘기할 수는 없으니까 공무원들을 통해서요. 방송에 호박이 너무 많이 나오면 여지없이 그 해 호박 재고량이 너무 많아서 빨리 처리해야 하니까 방송국에 그 주제가 온대요. 그렇게 되면 그날 하나로마트 가면 호박이 싹 없어지더라고요. 근데 이렇게 한번 특정 농수산물을 방송에 많이 노출시키면 그 농수산물 재고가 더 많아져요. 그 땅에 맞춰서 알아서 키우는 작물이 계속 나오게끔 해야하는데, 오히려 악순환이 생겨버리는거죠. 그래서 저는 음식에 대한 규제가 법으로 이미 있겠지만, 이 이상 음식에 대한 정부 규제를 추가하는 건 좀 위험한 것 같아요.

이용재   정부의 역할이 아니라고 생각하시는 거죠?

송원경   네. 정부의 역할은 아닌 것 같아요.

이하림   근데 저는 정부가 어느 정도 개입은 해야 한다고 생각하거든요. 삶이 일정 수준 이상인 분들은 그런 개입 없어도 스스로가 결정하고 선택할 수 있어요. 하지만 삶이 너무 힘들고 오늘 하루 벌어서 하루 먹고 살기 힘든 분들, 특히 그 분들의 자녀들은 굉장히 무방비로 노출되어 있기 때문에 정크푸드를 선택할 수밖에 없는 상황이 되기도 하잖아요. 그런 부분에 있어서 오히려 최소한의 보호를 위해서 어느 정도의 제재가 필요하다고 생각해요. 특히 고과당 시럽에 관한 규제는 꼭 필요합니다. 요새는 진짜 고과당 콘 시럽이 안 들어가는 데를 찾기가 더 힘들지만요.

이용재   저도 그게 제일 무서워요. 고과당 콘 시럽.

이하림   정부 차원에서 이거를 강압적으로 규제할 수 없다면 최소한 캠페인 정도는 해야 하지 않을까 생각이 들어요. 그러니까 옛날에 우유를 먹으면 튼튼해진다고 캠페인을 했던 것처럼 지금은 그렇지 않다는 캠페인을 정부 차원에서요. 그동안 정치인들은 뭐 하러 뽑아났나 하는 생각이 들 정도로 너무나 국민들의 건강을 등한시한 선택들을 해왔잖아요? 기업의 눈치가 보여서 규제까진 힘들면 최소한 캠페인이라도 해서 국민들에게 위험성을 알려줘야 되지 않은가 그런 생각을 해요.

이용재　남윤 님은 어떻게 생각하세요?

김남윤　저는 급식이 제일 먼저 떠오르더라고요. 정부가 할 수 있는 어떤 가장 직접적이고 일상적인 차원은 급식이라는 생각이 들어요. 요즘 급식은 어떤지 모르겠는데 제가 초등학교 다닐 때, 초등학교 3학년 때 처음 급식실이 생겼어요. 원래 도시락을 싸고 다녔었는데, 갑자기 생긴거죠. 근데 3년 동안 저는 급식이 맛있다고 생각한 적이 한 번도 없었거든요. 어떤 반찬이 나와도 너무 이걸 음식의 질이 너무 안 좋았고, 어렸는데도 이게 맛이 없고 안 좋은 재료를 쓴다는 거를 알았어요. 그러고 나서 초등학교를 졸업하고 중학교에 들어갔는데, 제가 다녔던 중학교가 그 동네에서 급식이 맛있기로 소문난 중학교였어요. 해썹 인증을 받은 학교였는데, 거기서는 나물이든 고기든 어떤 반찬이든 모두 너무 맛있는 거예요. 그래서 그때 처음으로 "똑같은 재료로 단체급식을 해도 맛있게 먹으면 얼마든지 할 수 있구나. 그러면 나는 초등학교 때 왜 그렇게 맛없는 걸 몇 년 동안이나 먹었을까?"라는 생각이 드는 거예요. 이게 재료를 안 좋은 걸 썼던 건지, 아니면 뭔가 조리하는 문제였던 건지 정확히는 모르겠지만, 초등학교에 비해 음식의 질이 분명 다르긴 했어요. 저는 이런 아이들이 먹는 학교 급식에는 더 규제가 필요하다고 생각하는데, 단순히 건강식뿐만 아니라, 건강한 음식을 맛있게 먹을 수 있는 방향으로 학생 때부터 먹어야 성인이 되어서도 식습관이 건강하게 잡힐 것 같아요.

이용재 고등학교 때는 어떠셨어요?

김남윤 고등학교 때에는 급식은 평범했는데, 매점이 있었어요. 근데 지금 생각해보면 사람이 먹어서는 안 될 것들을 많이 팔았어요. (웃음)

이용재 매점이 그렇죠.

김남윤 과연 이것을 인간이 먹어도 살 수 있는가? 이상한 공장에서 나온 빵 같은 거 팔고, 무슨 고기가 들어갔는데 이게 과연 그 고기가 맞을까?

이하림 이게 대체 무슨 고기인가.

김남윤 그런데도 많이 팔렸어요. 고등학교 때는 한창 많이 먹을 때니까 야자 때는 매점에서 사 먹고 이랬는데, 지금 생각해 보면 되게 몸에 안 좋았던 것들인데 그냥 팔았거든요. 그러니까 계약 맺고 그냥 아주머니 오셔서 매점에서 팔고 그랬는데, 지금 생각해 보면 그런 것도 조금 바꿀 수 있지 않을까? 그러니까 다는 아니더라도 "최소한 이 정도 기준의 이런 식품은 학교에 들어올 수 있다는 어떤 거는 좀 필요하지 않을까?"라는 생각이 들어요. 물론 규제를 세부적으로 다 한다기보다는 최소한의 마지노선을 정해줘야 안 좋은 것에 아이들이 덜 노출되지 않을까 싶은거죠.

이용재 그러게요. 이게 참 생각해 볼 문제라고 봐요. 저는 "정부가 어디까지 시시콜콜하게 해야 하느냐?"라고도 충분히 생각할 수 있다고 보거든요. 몇 년 전에 지하철 같은 데 "싱겁게 먹어야 합니다." 이런 거 붙었을 때 저는 사실 발끈했거든요. 아니 무슨 소금을 넣고 얼마 넣고 이런 거를 정부에서 왜? 밥상까지? 근데 어느 정도 그렇게 움직이지 않으면 좀 어려워지는 것들이 있다고 생각해요.

첫 번째가 탄산음료. 아직 한국은 그나마 고과당 콘 시럽을 덜 쓸 거예요. 코카콜라도 설탕이고요. 근데 이게 지난번 책 《식사에 대한 생각》 보면 "물이 아닌 걸 물처럼 마시지 말자." 얘기가 나오잖아요. 거기에서 겨냥하고 있는 게 탄산음료고요. 사실 탄산음료가 현대인에게 가장 위험한 요소라고 저는 생각을 해요. 두 번째는 편의점 음주. 저는 너무 의식 없는 음주에 대해서는 약간 다시 생각해 봐야 한다고 봐요. 저는 항상 편의점에서 소주를 없애야 한다고 얘기하거든요. 소주가 많이 오르긴 했지만, 아직도 너무 싼 알코올인데, 그게 그나마 음식점에서 먹으면 오천원이지만, 편의점에선 가격이 반도 안되잖아요. 그럼 그냥 편의점 벤치에서 천하장사 소시지랑 음주하는 분들이 생각보다 엄청 많아요. 알코올이 위험하긴 하지만 술도 칼로리가 위험하거든요. 그 두 가지 정도는 정부 차원에서 뭔가 해봐도 좋을 것 같고, 아까 말씀하신 것처럼 캠페인 정도만 해도 될 것 같아요. 솔직히 저는 편의점 음주는 좀 금지했으면 좋겠어요. 물론 편의점 실내에서는 법적으로 못 마시지만.

이하림　실외에서는 마실 수 있죠. 그렇게 많이 마시고요.

이용재　특히 코로나 시국에 그렇게들 많이 마시더라고요.

유년의 음식교육과 로컬푸드

송원경　저는 사실 이 책 앞부분이 너무 안 읽혀서 힘들었거든요. 근데 오히려 다른 분들과는 달리 저는 뒤로 가면서 공감이 너무 많이 됐어요. 저자의 농생태학이라는 문제의식에 저는 공감하고, 제가 고민했던 부분을 저자가 똑같이 고민한 것 같았어요. 제가 앨리스 워터스를 너무너무 좋아하거든요. 그래서 10년 전에 진짜 셰 파니 즈(Chez Panisse) 레스토랑도 가보고 거기 뒤에 주방도 구경해 보고 사실 그리고 왔거든요. 그리고 지난번 학교에서 이 책에서 말하는 에더블 스쿨야드(Edible Schoolyard)를 유치원생을 대상으로 만들었어요. 영어 교육과 텃밭 교육을 섞어서 하고 있죠. 제가 요새 제일 관심을 가지고 있는 게 쇼쿠이쿠, 그러니까 음식교육이거든요. 우리나라는 아직 음식교육이 잘 안되고 있으니, 앞으로 저는 그쪽으로 하고 싶다는 생각이 계속 있었어요. 근데 이 책 결론을 읽으면서 "이런 식으로 가는 게 맞나 보다." 이런 확신이 좀 들어서 저는 결론이 마음에 들었어요. 제가 고민하던 걸 딱 설명이 돼 있으니까 눈에 확 들어오더라고요. "이렇게 많은 걸 조사하고 일하고 고민을 해서 결국은 앞으로 나아갈 길을 아이들 교육에서 찾았구나! 그러면 내가 요새 그 생각하고 고민하는 이 방향성은 틀린 건 아니구나." 이런 생각이 들었던 거죠.

이용재 　지금은 성인들을 대상으로 교육을 하시죠?

송원경 　네, 저는 고등학교 졸업한 대학생들, 전문학교 기술을 교육하고 있으니까 전문대학 학생들을 이렇게 보면 벌써들 다 많은 걸, 햄버거 등 많은 걸 먹고 온 애들이잖아요. 그러니까 맛에 대한 게 아주 맵고 짜고 자극적인 것만 맛있다고 느끼고, 그리고 이런 식재료에 대한 건 사실 잘 모르죠. 또 이런 애들은 중학교 때부터 학원을 다녀서 기능사 따고 온 애들이기 때문에 학원에서 나눠준 재료에 대해서만 알지 재료에 대해서도 잘 몰라요. 그래도 이 학교는 사실 저랑 뜻을 같이 하는 선생님들이 모여 있는 학교였기 때문에 저희는 항상 텃밭에서 다는 못 키워도 허브라도 키우고, 제철 채소가 뭔지 알게끔 해서 학생들을 교육했더니, 애들이 다른 셰프들보단 좀 좋게 성장했어요. 그래서 애들이 '이 시기에는 이게 나오는구나' 알게 되어서 자기들이 찾아가도 좀 그런 쪽이 되는 업장을 선택하더라고요. 근데 애네들은 음식에 관한 세태를 바꾸기에는 이미 너무 자라버린 상태에서 그런 교육을 받은 거죠. 그래서 중학생도 아니고 정말 갓 자기들이 먹기 시작하는 나이의 애들? 다섯 살 애들? 그때부터 먹는 거에 관해 알려줘야지. 애네들이 오히려 집에 가서 '엄마 이건 나쁜 거래!' 이러면서 집을 바꿀 수도 있고, 사회도 바뀔 수 있다고 생각해요.

이하림 그건 진짜 사실이에요.

송원경 또 그 나이가 엄마들이 애들에 대해서 제일 신경 많이 쓰는 나이기 때문이기도 해서요. 그렇게 해야지 또 이 애들이 컸을 때 결국은 전체가 다 건강하게 먹고 살 것 같다는 생각이 들어요. 아무리 다 큰 애들에게 요리를 가르쳐도 개네들이 모르고 요리를 하기 때문에 그렇게 건강한 요리가 나올 수도 없죠. 또 다 공부하면서 엄마들이 키웠기 때문에 요새 여자들이 살림한다고 요리를 잘하는 것도 아니고, 남자들도 잘한다고 해도 이런 쪽은 또 모르고요. 저 역시 재료에 대해서 모르기 때문에 항상 식재료에 대해서 많이 공부하거든요. 재료에 대해서 알려면 결국은 땅하고 가까워지는 것밖에 없기 때문에 이 스쿨야드 프로그램이 좋은 것 같더라고요. 그래서 자기들끼리 경제활동도 하면서 팔아보기도 하고, "어떨 때는 토마토가 안 자라더라". "근데 뭘 줬더니 자라더라." 이렇게 해서 하더라고요. 이게 한국에는 아직 들어오지 않았지만, 처음에는 미국의 한 조그마한 지역에서 시작한 게 10년 동안 지역이 계속 늘어나 많은 학교가 스쿨야드 프로그램을 하고 있다고 하더라고요.

이용재　여기서 지금 당사자가 딱 하림 님이네요.

이하림　네, 저희 아이는 공동육아 어린이집 다니고 있어요. 공동육아 어린이집은 먹거리를 가장 제일 중요하게 생각하는 곳이에요. 그래서 마을 만들기 사업 이런 거랑 연계해서 나라에서도 지원받아서 애들 텃밭 교육도 하고, 쌀도 심고, 무도 심고, 배추도 심고, 고구마도 캐보고, 모기도 뜯기고 이런 걸 하거든요. 보통 그다음에는 대안학교 쪽으로 이어져요. 물론 모든 대안학교가 다 이렇지는 않지만, 이 공동육아의 정신을 그대로 가져가는 게 그런 학교들에 많고요. 지금 이 어린이집 같은 경우는 애들한테 계속 요리를 시켜요. 그러니까 본인이 할 수 있는 부분까지.

이용재   다섯 살, 여섯 살 아래 아이도요?

이하림   네. 저희 아이가 작년에 4살이었는데, 4살 아이도 경단도 만들고 또 송편도 빚고 그래서 세시 절기를 기본으로 애들한테 교육하거든요.

이용재   아이가 배워와서 집에도 영향을 미치나요?

이하림   네. 확실히 그런 게 있어요. 이를테면 고구마 순 같은 것들은 사실 좀 다듬기도 귀찮고 하니까 잘 안 하거든요. 그런데 그런 것들 먹고 와서 애가 맛있다고 하면 "그래? 그럼 또 내가 해봐야지."라던가 아니면 "엄마, 지금 뭐가 제철이고 뭐가 나온대." "엄마, 나 그거 어린이집에서 맛있었어." 그럼 또 그걸 하게 되고 그런 것들이 있거든요. "엄마, 나 오늘 브로콜리를 해서 어떻게 해서 먹어봤어. 그랬는데 엄마가 이렇게 해 준 것보다 더 맛있어." 이렇게 얘기하거나. (웃음) 1년 사이에 아이의 요구가 굉장히 많고, 디테일해졌어요. 조금 귀찮기는 하지만 이것들이 좋은 변화가 될 수는 있겠다고 생각은 하죠.

이용재 그러면 어린이집 이후에는 어떻게 교육을 시켜야겠다는 계획도 세우고 계세요?

이하림 근데 이게 좀 다른 얘기이긴 한데, 대안학교라는 게 우리나라에선 결국 종착지는 대학이거든요. 기본 교육으로 대학을 갈 거냐, 대안 교육으로 대학을 갈 거냐의 차이죠.

이용재 궁극적으로 다들 대학을 가더라고요?

이하림 네. 그래서 결국 목표는 같은데 이 중간 과정을 달리 가는 것일 뿐이라서, 저는 이 이후에는 그냥 보편적인 교육 기관에 아이를 보내려고 해요. 근데 과연 이 보편적인 교육에서 이 아이를 어떻게, 그러니까 제가 이 공동육아에서 얻은 교육을 어떻게 이끌어갈지에 대해서는 아이가 어리니까 구체적으로 생각해 보지는 않았어요.

이용재 저는 물론 자식도 없고 그래서 잘 모르긴 하는데 인구가 많이 줄어서 오히려 대안 교육으로 초점을 맞출 수 있는 환경이 제시되지 않았을까요?

송원경 근데 애네들이 초등학교부터 급식 생활을 하잖아요. 그렇게 되면 아무래도 인건비가 훨씬 많이 들어요. 그러니까 단체 급식의 식단 제공을 할 때는 냉동식품 위주로 가죠. 그게 유통도 쉽고요.

이용재 아직도 그래요?

송원경 네. 왜냐하면 돈 문제도 있지만, 단체급식에서 가장 위험한 게 식중독이거든요. 단체급식은 사고가 안 나는 게 1순위에요. 그래서 사고 안 나게, 일단 식사를 제공하는 건데, 샐러드 같이 안 익힌 거나, 나물류도 위험해요. 바이러스로 연결되기가 쉽거든요. 그래서 단체급식에서 가장 편한 건 진짜 냉동식품을 조리해서 나가는 게 제일 쉽기 때문에 밥하고 국만 펄펄 끓여서 내놓는 거죠.

이하림 사실 지금 제가 보내는 어린이집도 그런 부분이 굉장히 어려운 게, 먹을 거를 신경 써서 먹이기 시작하면 나라에서 지원받는 돈 외에 나가는 돈이 아이 한 명당 매월 50만 원 정도 돼요. 유기농 채소, 유기농 과일 이런 것들을 선택해서 급식을 하다 보면 그렇게 되죠. 공동육아 어린이집은 다 부모가 운영의 주체가 되는데, 제가 올해 어린이집 운영 이사가 됐거든요. 그래서 한 달 살림을 해봤더니, 식자재 값이 30% 이상이에요. 그러니까 이거를 일반 초중고에서 한다는 건 사실상 불가능한 거죠. 물론 어린이집이 초중고보다는 애들이 적기 때문에 비용이 더 높은 것도 있지만요.

송원경 그러니까 이게 단체급식으로 들어가는 순간 모든 게 다 진짜 공장화되니까.

이하림 차라리 애들이 도시락을 싸서 다니지 않는 이상 신경 쓰이죠.

이용재 급식한 지가 25년 정도 되지 않았어요? 제가 알기로 김대중 대통령 때 정도 아니었나?

송원경 저 어렸을 때도 학교에서 급식은 했었어요.

이용재 근데 그거는 보편적 급식은 아니었잖아요. 제가 고등학교 때는 도시락 싸서 다녔거든요. 한 97년 이후였던 것 같은데.

이하림 네, 맞아요. 제가 고등학교 갔을 때 즈음이니까 97년 이후에 보편 급식이 됐어요.

이용재 그러면 그 급식이 결국에는 큰 그림으로 봐서는 안 좋았다는 건가요?

송원경 그래서 사실 옛날에 오세훈 시장이 서울시장 선거 때 급식을 두고 그렇게 했었잖아요. 정치적 견해를 떠나서 '급식을 제공하지 말자'가 아무런 근거가 없는 얘기는 아니예요. 근데 엄마들이 너무나 힘들어지죠.

이하림 모든 비용에서 제일 줄이기 쉬운 게 사실 음식이에요. 그러니까 그게 말씀하신 대로 좋은 방향으로 흘러가는 게 참 어려운 거 같아요.

이용재 그거는 제가 배우고 있네요. 저는 그런 거 몰랐어요.

송원경 일본은 쇼쿠이쿠를 통해서 식사 작법이나 태도 등에 대해서 적극적으로 교육을 해요. 남김없이 먹는다거나, 꼭 삼찬 이상을 같이 건강하게 먹는다거나. 그런 것들은 하는데, 이게 제철 음식들에 관한 교육으로는 가는데, 미국의 스쿨야드처럼 자기 텃밭에서 난 농수산물을 먹는 교육으로는 안 가는 것 같아요. 미국은 땅이 커서 더 그런 걸 수도 있고요.

이용재 미국은 사실 레스토랑 업계에서도 자기네 텃밭을 많이 가꾸죠. 나파 밸리*에 있는 레스토랑들이 특히 그렇고요.

* 미국 캘리포니아주에 위치한 대규모 와인 생산지.

이하림 미국은 땅이 커서 그래요. 아이가 다니는 어린이집은 경기도에 있는데 조금만 가면 저희가 빌린 텃밭이 있거든요? 근데 이게 서울만 가도 어린이집 근처에 텃밭이 거의 없어요. 왜냐하면, 너무 땅값이 비싸고 근처에 녹지가 많이 없으니까요. 근데 이게 또 지방으로 가면 텃밭이 엄청 넓어요. 그러니까 이것을 어떤 보편적인 교육으로 만드는 것은 굉장히 어려운 일이라는 생각이 들어요.

개인의 실천이 사회의 변화를 이끌어낼 수 있을까?

이용재 지금 음식 시스템에서 잘못된 부분이 있다는 대의에 관해서는 모두 동의하잖아요. 지금 당장 행동에 옮길 수 있는 게 있다면 무엇일까요? 그리고 그러한 행동이 사회의 변화로 어떻게 이어질까요?

송원경 일단 당장 할 수 있는 행동은 협동조합 같은 데 가입하는 게 있겠죠. 저도 한살림 가입한 지 오래 됐고, 대부분의 구입은 다 한살림에서 하고 있어요. 아무래도 다른 데보다는 많이 생각하고 행동하는 유통망이니까요. 그리고 인증 기준 같은 것을 확대하는 거? 할랄 인증 기준 있잖아요?

이용재 아, 할랄이요?

송원경   그게 어떻게 보면 동물 복지도 생각하는 거 아닌가 싶어서요.

이용재   그 율법 자체가 동물복지에 대한 측면을 강제하기는 하죠.

송원경   제가 이슬람교는 아니지만 그 기준이 나쁘지 않다는 생각이 많이 들어요.

이용재   코셔, 할랄 같은 인증들은 요새 더 많이 따리고 하고 있죠. 또 그게 돈이 되니까요.

송원경   그거에 대해서 조금 더 확대해서 우리가 먹는 기준을 좀 만들어봐도 좋지 않을까요? 할랄이라고 하면 부담스러울 수 있으니, 적당한 용어를 만들어서요. 그런 기준을 통해 한국 사람들이 건강하게 먹는 기준을 만들면 해썹과는 또 다른 기준을 또 하나 만들 수 있지 않을지 생각했습니다.

이하림   저도 원경 님 의견하고 비슷한 생각을 했는데요. 로컬푸드를 먹는 일들이 한 걸음 내딛는 일이지 않을까 싶어요. 그러니까 로컬푸드는 되게 큰 개념이고 원경 님이 말씀하신 것처럼 지역 협동조합들을, 꼭 한살림뿐만 아니라 요즘에는 아주 협동조합들이 많으니까요. 그런 지역 협동조합들을 우리가 적극적으로 이용하는 것이 지금 당장 할 수 있는 일이지 않을지 생각합니다.

이용재 근데 사실 한국은 사실 전국 1일 택배 생활권이라고 굉장히 로컬푸드라고 봐도 무리가 없을 것 같아요. 저희 집이 서울 강서구인데, 제가 요즘에 맛있게 먹는 쌀이 김포에서 오거든요. 그래서 좋더라고요. 마음이. 근데 사실 안 그래도 전라도에서 시켜 먹어도 450km면….

이하림 제주도에서 시켜도….

이용재 우리나라는 서울이라는 굉장히 큰 도시가 있기 때문에 그 도시에서 어느 반경 정도는 농지를 기대하기가 어렵잖아요. 특히 중심부에서는. 그래서 그러한 점은 조금 마음을 가볍게 해주는 게 아닌가. 그래서 조금 열심히 사 먹으면 되는 게 아닌가 하는 생각도 해요.

이하림 그리고 또 어쨌든 지역에 있는 한살림이든 그런 협동조합들이 다 대형 마트 급이 아니잖아요. 그러다 보니까 말씀하신 것처럼 양도 적당히 살 수가 있고 또 막상 가서 보면 거기에 카트 속에 들어있는 음식들은 봐도 그렇게 절망스럽지 않거든요. 그래서 그런 것들을 많이 이용하도록 장려하고 또 스스로도 그걸 이용하는 것이

첫걸음이지 않을까 생각합니다.

이용재 저는 그래서 한 2년 전에 마켓컬리랑 쿠팡을 탈퇴했고, 최근에 오아시스 마켓에 가입했거든요. 생각보다 품질이 괜찮더라고요. 남윤 님은 어떻게 생각하세요?

김남윤 저도 다 동의하는 이야기고요. 저는 지역사회에서 식습관을 위해서 할 수 있는 일이 뭔지를 좀 의식적으로 찾아볼 것 같아요. 그러니까 보통 TV 틀면 정책 이야기나 정치도 사실은 여의도 중심의 이야기들인데 우리가 일상생활에서 할 수 있는 그게 뭔지에 대한 어떤 정책이나 캠페인 같은 건 사실은 잘 모르거든요. 그러니까 저도 보면 동네를 그냥 잠자고 출퇴근하는 정도로만 생각하지 우리 구청에서 뭘 하고 있고 우리 지역구는 무슨 정책을 갖고 있고 사실 모르거든요. 근데 찾아보면 사실 협동조합이 있어요. 서울이지만, 좋은 농수산물이 들어온 데가 있는데 저희 집 근처에도 하나 있거든요. 의식적으로 눈길을 안 주다 보니까 그냥 지나쳐버리는데 그런 것들을 좀 더 찾아보려고 노력을 하다 보면 자연스럽게 좀 일상생활에서도 실천할 수 있지 않을까 싶어요. 지금 저는 그걸 생각하면서 느꼈던 게 좋은 음식과 이런 먹거리에 대한 고민이 아직까지는 어떤 독립적인 의제나 문제의식으로는 다가오지는 않는 것 같더라고요. 그러니까 예를 들어서 채식주의나 대체육 같은 이야기도 사실은 기후위기의 하위 개념으로만 좀 다뤄지고 이것만 따로 떼내서 이게 먹거리가 왜 중요하고, 좋은 식습관을 위해서 행동해야 되는지 따로 이야기하는 경우는 잘 없더라고요. 그래서 특히 이제 선거철 때 보면 이 좁은 한반도에 워낙 갖가지 이야기들이 많다 보니까 상대적으로 이런 음식에 대한 게 좀 뒤로 밀릴 수밖에 없는 현실이고. 그렇다면 그런 목소리를 내주고 또 어떻게 행동하는 사람들이 있는지를 좀 더 구체적으로 더 열심히 좀 찾아봐야 되겠다는 생각이 들었어요.

이용재   실제로 구청 같은 데서 구청 앞마당 같은 데서 장터도 열고 그래요. 그래서 산지직송 그런 것도 있고.

이하림   예약 판매도 하고.

이용재   가보면 또 괜찮은 식재료들도 있고. 그래서 그런 것들 하고 있고.

이하림   이 말씀을 들으니까 그런 것들이 동네에 있는 그런 협동조합에 가입하는 것만으로도 도움이 된다고 생각이 들어요. 저는 협동조합 여러 군데에 가입이 되어 있는데 일단 그들에게 조합비를 내서 그들이 활동할 수 있게 해주고요. 그리고 또 실제로 한살림에서 핸드폰으로 알림을 받고 있는데 식재료와 식습관에 관한 조합원

교육을 계속해요. 그 지역 주민분들을 대상으로요. 그리고 제철에 나는 재료를 가지고 제철 음식 요리하는 법 이런 교육도 하고요. 또 김장철이 되면 김장 교육도 하고요. 그러니까 사실은 그런 협동조합에서도 먹거리에 대한 교육을 계속하고 있거든요. 협동조합에 가입하고 그들의 SNS를 팔로우 해주고 그런 것들도 사실 큰 도움이 될 거라고 생각해요. 이들도 어린이집하고의 계약이 수익적으로도 좋기도 하고, 그들이 추구하는 먹거리에 대한 교육에도 가치관이 맞기 때문에 자기네 제품을 어느 정도 이상 써주면 '이 어린이집에선 ○○ 협동조합의 제품을 쓴다'는 현판도 주거든요. 이런 식으로 일단 내가 협동조합에 가입하는 것도 큰 한 걸음이라고 생각합니다.

이용재 얘기해주신 것들이 다 좋은 실천 방안이죠. 근데 저는 일단 당장 일반인이 행동에 옮길 수 있는 가장 쉬운 방법은 '더 열심히 식재료를 사서 밥을 해 먹는 것' 같아요.

이하림 요리를 하자.

이용재 네, 아무도 안 하더라도 나라도 열심히 찾아서 먹어 보고. 또 요즘은 인터넷 오픈마켓에서 식재료 발굴하는 재미가 있어요. 트위터 같은 데서 우연히 얘기 들어서 곱창김을 샀는데 너무 맛있는 거더라고요. 그래서 한참 동안 날로 김을 먹었어요. 반찬도 아니고.

이하림　진짜 맛있죠.

이용재　그냥 간식으로.

이하림　진짜 간식으로 먹기 너무 좋아요!

이용재　도박하는 심정으로 샀다가 맛있으면 정말 좋거든요. 그러니까 약간 모순돼요. '식재료에 돈을 너무 많이 쓰고 낭비를 하지 말아야 되는데!'라고 생각하지만, 쟁이지 말아야 하는데 생각하지만, 또 이렇게 좋은 김, 1묶음에 1만 5천 원 막 이러면 이거 정말 너무 공짜 같은 기분이 들거든요.

이하림　그런 것도 시도해 보지 않으면 그게 맛있는 건지 모르니까.

이용재　맛있는지 맛없는지도 모르고. 그래서 가장 좋은 거는 정말 상식적인 것 같아요. 정말 상식적으로 초가공식품 덜 먹기. 그다음에 채소 많이 먹기. 그다음에 고기 덜 먹기. 이 책도 참 엄청난 얘기들을 하죠. 그러니까 아까 말씀하신 것처럼 저도 농업을 본격적으로 하게 되는 게 인간의 어떤 가장 큰 진보가 아닐까, 가장 큰 업적이 아닐까. 그러면서 정주 생활을 하게 되니까요. 저는 사실 자연이라는 개념은 인간과 어떤 투쟁의 관계에 있다고 생각합니다. 왜냐하면, 저는 원래 또 건축을 전공한 사람이기 때문에 건축도 자연과 투쟁하는 학문이자 산업이니까요. 이 책을 읽으면서, 결국 농업으로 인해 우리가 정주 생활을 하고, 그렇게 진행한 농업이 획일성을 만들어 내고, 우리가 여기까지 왔구나 하는 것을 알게 된 것만으로도 큰 수확이지요. 그런데 이렇게 거창한 이야기들을 읽었지만, 결론적으로 우리가 할 수 있는 건 굉장히 상식적인 행동들이라고 생각합니다. 가령 그냥 한 끼라도 더 해 먹고, 탄산음료 같은 것 안 마시는 것들이요. 그런 것들이 '나를 건강하게 만들어줘!' 이런 거라기보단, 그냥 일개 소비자가 할 수 있는 상식적인 행동들인 거죠.

이하림 맞아요.

이용재 이러한 개인의 실천이 사회의 변화를 이끌어낼 수 있을까요?

김남윤 저는 약간 반신반의하게 되는 것 같아요. 제가 이해한 책의 어떤 논조나 주장으로는 결국에는 어떤 조직화된 행동을 할 수 있어야만 이게 결과적으로 의미 있게 결실을 맺는다고 보는 것 같아요. 근데 현실적으로 과연 이걸 얼마만큼 할 수 있을까는 또 다르게 의문이 들어요. 그러니까 저는 사실 이 책 읽으면서 같이 떠올랐던 것 중 하나가, 책 중에 《감시 자본주의》라는 책이 있어요. 거기에 보면은 그런 내용들이 나와요.

예전에는 우리가 정보를 얻고, 광고 같은 걸 보는 게 TV나 신문 정도 매체들로 제한이 돼 있었는데, 지금은 모든 정보가 공유되고, 개개인에 맞춰서 알고리즘에 따라서 광고나 이런 게 점점 세밀화돼서 들어오니까 내가 어떤 거를 자유롭게 의식적으로 선택하더라도 사실 그거 역시 어떤 방식으로는 기업이나 이런 조직화된 마케팅의 결과로 내가 그걸 받아들이는 경우가 더 많아지는 것 같거든요. 그래서 저는 개인들이 뭔가 연대를 하기 이전에 침투하는 기업들의 마케팅이나 이런 거가 조직화되는 속도, 좋은 먹거리를 위해 조직화되는 시민운동의 속도보다 훨씬 더 빠르고 정교하다고 생각을 해요. 과연 그 속도를 따라가기 위해서 자발적으로 연대하는 수준이 얼마나 과연 효과가 있을까는 사실은 좀 의문이 많이 들더라고요. 검색 기록은 물론 대화까지 오디오에 기록되어서 알고리즘에 반영되잖아요. 그래서 '내가 좋은 먹거리를 위해서 가공식품 안 먹고, 공동 구매하고 이런 자발적인 연대를 해야지'라고 하는 거랑은 이 속도와 규모 면에서 차이가 너무 많이 나기 때문에 그렇다면 결국에는 또다시 정부의 힘을 바라볼 수밖에 없는 상황인 것 같아서. 그래서 저는 이게 많이 의문점이 남는 결론인 것 같아요.

이하림 근데 아까 좀 전에 말씀드렸던 것처럼 시간이 오래 걸릴 거예요. 말씀하신 것처럼 국가가 기업과 정치적으로 엮여있는 문제라던가 미디어가 쏟아져 나오는 속도에 비해서는 훨씬 미진하겠지만, 그래도 효과가 없다고 해서 아무것도 안 하는 것보다, 사소한 것이라도 개개인이 실천했을 때 시간이 걸리더라도 분명한 변화는 일어날 것이다. 그리고 《식사에 대한 생각》에서 보면 1단계, 2단계 이렇게 변화하는 속도가 점점 빨라지듯이, 이 개개인의 이러한 변화에 대한 추구도 더 빨리 적용이 될 수도 있지 않을까. 그런 생각을 하는 거죠.

이용재 저는 사실 요즘은 덜한데 음식을 덜 쌓아 놓고 먹으려고 애쓰고 있어서. 근데 사실 뭐 마트를 매일 가기도 하거든요. 일부러, 집에서 일하니까 몸을 움직이려고. 그러니까 그냥 소금 한 봉지 사러 가고 그래요. 이렇게 가서 몇 년 전부터 느껴온 건데 사람들의 음식 선택 그러니까 계산대에서 사람들이 산 거를 쭉 보잖아요? 그럼 되게 좌절스러워요. 원경 님도 혹시 그런 건 느끼세요?

송원경 네.

이용재　왜냐하면, 생 재료를 거의 안 사요. 특히 큰 마트에 가면 갈수록….

송원경　코스트코 이런….

이용재　작은 마트는 급할 때 급한 식재료 사는 경우에서도 쓰이지만, 코스트코 같은 데도 코스트코는 육류나 이런 식재료들이 좋은 편이거든요? 싸고? 근데 사람들이 사는 거는 거기에 초점이 전혀 안 맞춰져 있어요. 물론 이게 하루 이틀은 아니에요. 제가 2009년에 한국 돌아와서 본 현상이고 사람들이 뭘 사냐 그러면 라면, 김. 김 같은 거 사면 사실은 정말 다행이에요. 왜냐하면, 밥을 먹는다는 얘기잖아요. 그래서 굉장히 좌절스러운데 이 얘기를 참 어디가 하기가 힘들어요. 왜냐하면 우리의 모든 식생활은 굉장히 개인적인 선택이잖아요. 거기에 사실 뭐라고 얘기를 한다는 것은 월권이거든요. 그렇기 때문에 저는 사실 제가 책을 써서도 뭐 "당근을 맛있게 먹는 방법은 요렇게 요렇게 해서 이렇게 하면 이런 원리로 이렇게 된다."라고는 얘기를 하지만 "당근을 많이 먹어야 건강에 좋다."라는 얘기를 할 수가 없는 거예요. 욕을 먹는 게 두렵진 않은데 그게 저의 직무가 아니라고 생각하는 거죠.

　제가 가장 좌절할 때가 '우리 밥을 잘 먹자. 밥을 잘 먹기 위해서는 최소한의 노력으로 최대한의 가치를 이끌어낼 수 있는 식단, 음식, 이런 거 파스타를 이렇게 삶아 드시면…' 이런 거를 막 이렇게 밤 10시까지 쓰잖아요? 그러면 저는 힘 빠져서 밥을 제대로 못 먹는 거예요. 밥 먹기 싫고 균형 잡힌 식사를 하기 싫고 막 이럴 때 엄청난 좌절을 느끼는데요. 그런 차원에서 고민이 많아요. 저 같은 사람도 힘든 거죠. 물론 저는 잘 먹어야 한다는 것에 관해 이론적으로도 어느 정도 무장이 돼 있고, 또 그 이론을 잘 지키는 것이 실천하는 사람으로서 올바른 직업인이라는 강박도 있습니다. 하지만 궁지에 몰리면 제가 선택하는 음식들도 그다지 건강하거나 아니면 거창하게 전 지구적으로 보았을 때 지속가능하지 않은 식사를 선택하게 되는 거죠. 그러면 과연 다른 사람들은 어떤가. 우리가 누군가에게 무슨 변화를 얘기할 수 있는 상황인가?

그러니까 저는 어쩌면 이 책에서도 음식에 대한 얘기를 이 사람이 다 못한 이유는, 다른 책에서 썼을 수도 있지만, 한편으로는 뭔가 마음에 걸렸을 수도 있다고 생각해요. 전반적인 내용이 약간 고압적인데, 마지막에도 '이렇게 먹어야 돼!'라고 말하면 사람들이 아마 반감을 가질 거라고 예상하지 않았을까? 그런 느낌이 좀 있어요. 《식사에 대한 생각》처럼 책을 읽고 '오늘도 나는 마음을 가다듬고 조금 더 건강하고 지속가능한 음식을 먹어야지. 고기를 줄여야지. 내가 먹는 돼지고기가 공장 축산인지 아닌지 생각해 봐야지' 뭐 이런 것들을 막 하지만 굉장히 롤러코스터를 타요. 그렇다고 내가 이렇게 해서… 오늘도 그 수많은 사람이 계산대 컨베이어 벨트에 올려놓은 그 음식 그 제품들이 떠올라요. '그렇게 많이들 샀는데 내가 바꿀 수 있을까? 그리고 그러한 변화가 가시적으로 이루어질까?' 그런 생각이 자꾸 드는 거죠.

<u>이하림</u> 그래도 저는 희망적으로 생각해요.

<u>이용재</u> 그렇죠. 물론 저는 인간이 희망을 품는 건 어느 정도 본능적이라고 생각을 해요. 왜냐하면, 희망을 안 품으면 살 수가 없으니까. 그거 암울해서 살겠어요? 그렇게 생각을 하는데 한편으로는 또 이런 것도 있죠. 직업인의 입장에서 볼 때는 실제로 건강하다고 말하는 어떤 식습관이나 이런 것들조차도 사실은 덜 다듬어진 느낌? 예를 들어서 비건이나 이런 걸 추구하는 사람들이 막 이런 걸 먹었고, 저런 걸 먹었고 이런 거를 볼 때는 사진 올린 것부터 '저거는 저렇게 먹는 거 아닌 것 같은데… 개인의 건강을 위해서 지속가능하지도 않은데' 근데 그럼에도 불구하고 제가 "그거는 잘못된 겁니다."라고 말을 절대 할 수가 없는 거예요. 왜냐하면, 그것은 아까 말씀드린 것처럼 개인의 선택을 문제 삼는 것도 있지만 더 예민한 지점이 있잖아요. 채식에 대해서는? 고민이 아주 큽니다. 아주 크고. 그러니까 희망을 잃지 않으려고 애는 쓰고 있지만 정말 크게 달라질까. 왜냐? 물론

저는 한국만 놓고 봤을 때는 우리가 엄청나게 나쁜 상황에 있다고는 생각 안 해요. 땅이 척박해서 작물도 그렇게 맛이 없고 이런 문제가 있긴 있지만, 우리가 엄청나게 나쁜 상황에 있다고는 생각 안 해요. 그냥 정부의 역할이 조금 있다고 생각하는 것처럼 그러한 초가공식품이나 음료수나 이런 것들을 조금만 우리가 덜 먹을 수 있다면 좀 더 바람직할 것 같아요.

근데 사실 뭐 15~20년 전에 제가 미국에 살았을 때, 이미 그때도 제가 한 40가구쯤 되는 주택 단지에 살았는데 재활용을 하는 집이 세 집밖에 없었어요. 이게 무슨 상관이 있냐면 우리가 생각하는 건강 식단이라는 게 한국에서는 우리에게 엄청나게 멀다고 생각은 안 해요. 그러니까 여기에서 요만큼 덜어내고 저기에서 저만큼 덜어내고 이렇게 조금만 하면 될 것 같아요. 근데 미국에서는 소고기랑 돼지고기 가격이 같잖아요. 엄청나다고요. 미국 슈퍼마켓 가보셨죠? 저는 슈퍼마켓을 좋아하긴 좋아하지만, 기가 질려버려요. 이렇게 많은 것들이 필요한가? 아까 제가 말씀드린 것처럼 저는 음식을 좀 덜 넣고 사는 게 희망인데, 어떤 거대한 소비의 블랙홀 같은 주체로서 미국이 존재하거든요. 그니까 그런 현실을 알고 있다 보면 우리가 이렇게 노력하는 게 무슨 의미가 있을까 하는 생각이 들 때도 있어요. 왜냐하면, 이 책들도 이거 사실 우리가 읽고 고민하는 것보다 미국인들이 이거 다 읽고 한 사람이라도 고민해 봐야 해요. 근데 그 사람들도 잘 몰라요. 그러니까 미국에서 건강식단을 먹기가 한국에서 먹는 것보다 어떤 부분에서는 더 편해요. 왜냐하면 거기도 산업으로써 건강 식단이라는 것이 한국보다 훨씬 더 발달해 있으니까요. 그니까 우리보다 손질한 야채를 사서 적당히 먹을 수 있는 그런 환경이 조성되어 있는데도 〈푸드 주식회사〉 다큐에 보면 맨 마지막에 우리와 전혀 다른 규모의 과체중 가족이 나오죠. 다 위 절제 수술을 받아야 되지 않나 고민하는 사람들이 나오는데, 그 사람들이 마지막에 닭가슴살도 삶아서 먹고 "우리 이제 건강하게 먹어!" 그러면서 건강한 음식들을 찾아서 이 사람들이 직접 조리도 하고, 그런 것들을 먹으면서 실제로 체중이 줄어요. 근데 작품의 마지막에 체중이 줄었던 사람들이 모두 다시 원상태로 돌아갔다는 자막이 나옵니다. 그게 너무너무 슬픈 거예요. 우리가 우리대로 잘한다고 해결할 수 있는 문제가 아닌 거죠.

그래서 과연 어떻게 마음을 먹어야 할까? 그런 생각을 하게 돼요. 저는 미국에서 오래 살았고, 또 미국에서 받은 영향을 바탕으로 일을 하기 때문에 어떤 사람들은 제가 미국의 모든 것을 좋다고 생각한다고 착각하는 사람들이 있어요. 근데 사실은 정반대예요. 어떤 것들은 들어오지 않았으면 좋겠다고 그런 고과당 콘시럽이든지, 아니면 시리얼이랄지. 시리얼은 정말⋯ 시리얼의 역사가 1800년대 말에 사실 특정 종교에 바탕을 둔 정신과 의사들이 정신병 요양원에서 환자들을 다스리기 위한 식단으로 개발한 거예요. 그 형제 박사들의 이름이 켈로그예요. 그리고 그것을 본따서 만든 사람의 이름이 포스트거든요. 시리얼 같은 경우는 정말 인간의 건강에 1도 도움이 안 됩니다. 어차피 정제 탄수화물이기 때문에. 하지만 대부분 보면 안 좋은 것들만 들어오죠. 그래서 혼자 세상을 짊어지고 살 수는 없는데 고민이 참 많아요.

요리는 무엇을 바꿀 수 있을까?

이용재 이제 마무리로 편하게 오늘 대화 소감 얘기하면서 끝내볼까요?

김남윤 저는 오늘 되게 다양한 이야기를 들을 수 있어서 좋았고요. 이 책 읽으면서 초가공식품 기업의 회장과 그의 가족이 이 책을 읽으면 어떨까 하는 생각을 하게 됐습니다. 그래서 다양한 독자층이 읽으면 좋을 것 같다는 생각이 들었고, 또 책 내용 자체는 어려운 과학적인 이야기도 있고 다양한데 결국 결론은 일상에서의 실천은 요리로 또 귀결되는 것 같아요. 그런 점에서는 첫째 시간과도 또 의미가 닿아 있는 것 같아서 저는 재밌었고요. 이상입니다.

이하림 확실히 전에 책보다는 의견이 더 많이 다양하게 나오는 책이었던 것 같아요.

이용재 약간 도발적이라 그런 것 같기도 해요.

이하림 그러니까 읽으면서도 자꾸 반감이 생기기도 하고, 또 그렇다고 공감이 안 가는 것도 아니고 계속 약간 이런 느낌으로 읽게 되니까 그런 것 같고요. 그리고 말씀하신 것처럼 항상 문제는 뭐냐면 이런 책을 읽는 건 이런 부분에 관심 있는 사람들이 이 책을 읽는다는 거죠. 마치 지각을 안 한 사람들이 욕을 먹고 지각한 사람들은 아예 안 와 있는 것처럼. (웃음) 꼭 읽어야 할 사람들은 정작 전혀 이런 데에 관심이 없고 관심이 있는 사람들만 이렇게 열심히 읽는다는 거죠. 그래서 정말 이걸 읽어야 할 사람들이 이 책을 읽으면 좋겠다. 관계자들이 이걸 좀 읽고 생각을 좀 바꿀 수 있으면 좋겠다. 그런 생각이 들었어요. 어쨌든 이 책은 많이 비관하게 했지만, 그래도 결론은 나도 열심히 최선을 다해서 해야겠다. 할 수 있는 것들을 해나가야겠다. 이런 생각이 들었습니다.

송원경 패션의 유행 주기가 있듯이 처음에는 몇몇 사람들만 하지만, 그게 대중성을 갖게 되는 거잖아요. 그러니까 지금은 먼저 공부한 사람들이 이렇게 조금 하고 있지만 더 대중화되도록 계속해서 떠들고 계속 노력하고 이러면 언젠가는 더 많은 사람들이 더 건강한 식생활을 할 수 있을거라고 생각합니다. 그리고 저는 이 책에서 '동물과 식물이 있듯이 음식이 있다'는 얘기가 나오는데, 진짜 동물과 식물인 것 위주로 자연을 거스르지 않는 식생활을 좀 해봐야겠다는 생각이 들었어요.

이하림 영향력 있는 사람들이 한 명이라도 이 책을 읽고 이것에 대해서 얘기할 수 있으면 좋겠다. 그런 생각이 드네요.

이용재 좀 더 많은 사람이 어쨌든 이런 책을 읽어줬으면 좋겠다는 생각은 저도 똑같고요. 직업인의 입장에서는 한국의 식문화와 음식이 우월하다고 생각하는 사람들이 이 책을 좀 읽어주셨으면 좋겠어요. 그러고서 정말 한국의 식문화가 우월하다면 우리의 현실이 어떤지, 그러니까 저도 참 직업인으로서 우리의 현실을 오히려 알기가 더 힘든 거예요! 미국의 현실이 이렇게 명명백백하게 사람들이 쓰고 있는데, 그러니까 우리가 그것을 공격 대상으로만 삼지 말고 이것을 거울로 삼아서 우리는 그러면 어떨까, 우리는 공장용 축산과 동물 착취와 초가공식품과 이런 것으로부터 자유로울까 그런 고민을 좀 하고 뭔가 프로젝트를 좀 했으면 좋겠어요. 대체로 우리 것이 좋다고 말씀하시는 분들은 좋으니까 좋다고 얘기를 해요. 근데 좀 더 체계적인 근거와 현실을 근거로 그런 작업이 좀 이루어지기 위해서 이런 책들이 읽혔으면 좋겠어요.

이하림 좋네요. 앞에 《식사에 대한 생각》 모임 때 얘기한 것처럼 서구 사회에서 한국의 음식 변화가 느리고 그래서 조금 더 희망적이라고 말한다면, 우리의 현실을 정확하게 파악하고 한식을 세계적으로 알릴 수 있는 토대가 된다면 좋겠어요. 책과 미디어들도 많이 만들어지고요.

음식, 축복과 저주 사이
김남윤

내게 음식은 축복이자 동시에 저주다. 신선한 재료로 이
국적인 요리를 마음껏 즐길 때는 축복으로, 열악한 상황
에서 어쩔 수 없이 끼니를 해결해야하는 때에는 저주처
럼 다가오는 존재가 바로 음식이다.

 어렸을 때부터 입맛이 까다롭지 않아 어지간한 음식
은 가리지 않고 다 먹었다. (알레르기도 전혀 없다.) 할머
니, 할아버지를 따라 먹었던 이름 모를 국과 반찬들부터
쓰디쓴 한약까지 정말 아무 음식이나 다 잘 먹고 컸다.
이런 잡식성 식습관 때문인지 성인이 되어서도 다른 나
라 음식을 먹는 것에 거부감이 전혀 없었다. 내겐 오히
려 이국적인 음식을 먹는 경험이야말로 그것이 만들어
진 문화와 역사, 그리고 전통을 체험하는 진정한 순간이
다. 짧게 해외여행이라도 다녀오면 현지에서 먹었던 음
식을 찾기 위해 서울 곳곳을 돌아다녔다. 그렇게 대림동
에 가서 중국 본토 요리를 맛보기도 하고, 동대문에 있
는 중앙아시아 음식점을 찾아가 양꼬치와 국수를 먹기
도 했다. 남들이 향신료 때문에 역하다고 못 먹는 요리
를 나 혼자 잘 먹을 때면, 나의 음식 경험치가 올라가는
것 같아 뿌듯했다.

유한한 시간을 사는 동안 최대한 다양한 경험을 쌓는 가장 좋은 방법으로 음식만한 게 없는 것 같다. 어렸을 때 배달 음식이라고는 중국집과 피자, 치킨, 족발이 전부였다. 그러나 지금은 앱만 있으면 똠양꿍과 분짜를 시켜먹을 수도 있고, 동네 마트에서 인스턴트 태국 카레를 사 먹을 수도 있다. 먹을 것이 다양해지면서 자연스레 밥(쌀밥)을 먹는 횟수가 줄어들었다. 하지만 그만큼 다양한 나라의 음식을 맛보면서, 나의 경험과 인식의 지평이 조금이나마 넓어지는 기분이 들어 이런 상황이 싫지만은 않다.

이렇게 맛있는 외국음식을 집에서도 해먹으면 어떨까? 그렇게 시도한 요리가 중국의 토마토계란볶음이다. 사실 토마토계란볶음은 요리라고 부르기에는 민망할 정도로 단순한 음식인데 막상 맛있게 해 먹으려면 쉽지 않은 요리기도 하다. 나는 차이나타운에서 먹었던 맛을 그대로 재현하기 위해 인터넷과 책을 뒤져가며 다양한 레시피를 따라해보고, 재료도 이것 저것 넣어가며 시도해보았다. 그 결과 내가 만든 토마토계란볶음은 먹고 죽을 음식은 아니었으나, 결코 밖에서 사 먹는 그 맛을 따라가지는 못했다. 나는 열심히 만든다고 했는데, 식당에서 사 먹던 그 맛이 떠오르지 않는 이유는 도무지 알 수 없었다. 결국 집에서 해먹는 외국요리는 포기하고, 배달앱에 모든 걸 맡기기로 했다. 사실 토마토계란볶음 말고도 내 손을 거쳐 간 다른 불운의 결과물(?)들이 이미 충분했기 때문이다.

혼자 있을 때 음식을 만들어 먹지 않는 이유가 단순히 내가 요리를 못해서이기 때문일까? 아니면 단지 귀찮아서일까? 그 이유에 대해 곰곰이 생각하다보니, 나 자신이 음식을 먹는 행위 자체를 어느새 짐처럼 생각하고 있다는 것을 깨달았다. 하루에 최소 여섯 시간 이상씩 자고, 매 끼니를 챙겨먹어야 하는 인간은 얼마나 비효율적인 존재란 말인가! 밥 해먹는 시간을 아끼면 더 많은 일을 할 수 있지 않을까? (사실 그렇다고 그 시간에 딱히 유익한 일을 하는 것도 아니지만) 극강의 가성비를 추구하는 생활에서 재료를 직접 사다가 음식을 직접 해 먹는 일은 너무나도 번거롭고 비효율적인 일이 되어버렸다. 게다가 산더미 같이 쌓인 일에 치이는 때면 시간을 내어 음식 먹기가 더더욱 부담스럽다. 결국 음식을 즐기는 대상이 아닌, 재빨리 해치워야 하는 골칫거리로 여기게 된다. 이럴때면 끝없이 돌을 굴리는 시지프스 신화가 오늘날엔 음식 앞에서 끝없는 고민에 빠진 현대인이 받은 저주가 아닐까 하는 생각이 들 정도다.

그렇다고 배달 음식을 계속 먹자니 기하급수적으로 늘어나는 쓰레기가 골칫거리다. 윤리적 소비를 자부할 만큼은 아니지만, 주말을 지나 집 앞에 쌓아 놓은 플라스틱 용기들을 볼 때면, 이렇게 먹는 게 뭔가 잘못되도 한참 잘못되지 않았나 싶다. 이런 상황에다 모든 존재는 타자의 고통과 희생을 바탕으로 살아간다는 고상한 논리를 들이밀기에는, 지금처럼 먹는 방식이 지속가능하지도 않을 뿐더러 개인과 환경 모두에 너무나도 파괴적이다.

앞으로 백 살까지 산다고 가정하면, 내게 남은 시간은 70년이다. 하루에 세 끼를 꼬박 먹는다고 하면 70년간 76,650번 밥을 먹어야 한다. 70년간 내게 음식은 축복이 될까, 아니면 저주가 될까. 즐거움과 귀찮음이라는 양극단에서 어떻게하면 스스로 만족할 수 있는 음식을 먹을 수 있을까. 그리고 과연 그와 같은 음식은 얼마나 지속가능할까. 축복과 저주 사이를 오가는 음식이란 존재와 앞으로의 시간을 어떻게 보내야할지가 요즘엔 내게 가장 큰 숙제다.

3장

요리:
삶의 감각을 익히는 최고의 방법

지금까지의 독서와 토론을 통해 우리는 궁극적으로 개인의 요리 역량 강화 및 향상만이 지속가능한 식생활의 해결책임을 깨닫게 되었다. 그렇다면 개인의 요리 역량 강화 및 향상은 어떻게 꾀할 수 있을까? 날이 갈수록 발달하는 1인 미디어와 컨텐츠의 덕분에 그 어느 때보다 요리의 독학이 쉬워진 가운데 요리의 핵심 4요소 즉 소금, 지방, 산 열의 기점으로 삼은 체계적 접근에 대해 이야기 나눠 보자.

《소금, 지방, 산 열》
사민 노스랏 지음, 제효영 옮김, 세미콜론

셰 파니스

1971년 처음 문을 연 셰 파니스 레스토랑은 매일매일 바
뀌는 단일 메뉴 한 가지만 파는 음식점이었다. 이렇게 레
스토랑에서 메뉴를 정해서 제공하는 형식은 최고로 맛
있는 제철 유기농 재료만으로 만든 음식을 대접하고 싶
다는 앨리스 워터스의 요리 철학과 맞닿아 있다. 30년이
넘는 세월이 흐르는 동안 셰 파니스는 지속가능한 농업
을 위해 평생을 바친 지역의 농부와 목축업자들과 긴밀
한 관계를 맺었고 그 결과 가장 신선하고 순수한 재료를
안정적으로 공급받을 수 있게 되었다. 1996년 레스토랑
의 개업 25주년을 기념하여 앨리스 워터스는 셰 파니스
재단을 설립했다. 그리고 학교 텃밭이나 지역에서 생산
된 식재료를 학교 급식에 사용하자는 운동인 '에더블 스
쿨야드 프로젝트(The Edible Schoolyard Project)'를 버클리
에 있는 마틴 루터 킹 주니어 중학교와 함께 시작했다.

엘리스 워터스

셰프이자 음식책 작가이자 생태운동가. 엘리스 워터스
(Allice Waters)는 샌프란시스코에 미국 최고의 유기농 식
당인 '셰 파니스'를 열어 운영하고 있고, 현재 국제 슬로
푸드협회 부회장이다. 최근에는 미국에서 미셸 오바마

영부인을 움직여 백악관에 텃밭을 만들게 했다.

크루통

크루통(croûton)은 프랑스어로 빵의 껍질이라는 뜻이다.
빵의 겉테두리 부분을 주사위 모양으로 잘라서 기름에
튀기거나 버터에 구운 것을 말한다.

코셔 소금

'코셔(Kosher)'가 무엇인지 알아볼 필요가 있다. 코셔는
유대교의 음식에 대한 율법을 칭하는 용어로 그 율법 중
육류의 핏물을 제거하고 먹어야하는 전통이 있는데 그
때, 소금의 삼투압 작용을 이용해 핏물을 제거해 왔다.
그래서 사실은 코셔 소금뿐만 아니라 모든 소금이 '코셔
소금'이라고 불릴 수 있다. 코셔 소금 특유의 넓고 큰 입
자가 육류의 핏물을 제거하는 '코셔링(koshering)'을 하기
에 적합하기 때문에 그 이름을 가지게 되었다. 사실상,
코셔 소금의 이름은 코셔링 소금이라는 이름이 더욱 알
맞다. '코셔'소금이라는 이름때문에 유대인의 율법에 따
른 제조된 소금이라고 생각하면 큰 오산이다. 코셔인증
을 받은 소금도 몇몇 있지만 대부분은 마케팅의 용도로
'코셔'라는 이름을 사용한다.

소금은 바닷물과 같은 농도로

이용재 우리가 지난 1월부터 가졌던 모임을 쭉 돌아보면 여러 가지 이야기들을 했습니다만, 궁극적으로 개개인의 요리 역량이 어느 정도 갖춰지는 것이 지속가능한 식생활의 해결책일 수밖에 없다는 결론을 내렸는데요. 그래서 마지막 책은 우리가 직접 요리를 하기 위한 레시피 책이었습니다. 이 책의 저자인 사민 노스랏은 《잡식동물의 딜레마》라는 책으로도 유명한 저자입니다. 이 사람 일화가 우연히 '셰 파니스'에서 음식을 먹고 어떤 깨달음을 얻어서, "나 여기서 일을 시켜달라." 이런 식으로 요리를 시작하게 되었다고 해요.

첫 모임에서도 얘기가 나왔지만 '셰 파니스'라는 레스토랑은 엘리스 워터스라는 요리사이자 활동가가 만든 미국의 유기농 레스토랑입니다. 잠깐 미국 요리 세계를 설명드리자면, 아주 크게 나누면 동부와 서부로 나뉩니다. 그래서 서부 쪽의 요리는 독립적으로 캘리포니아의 전반적인 농수산물의 환경, 그러니까 미국에서 제일 좋은 환경을 놓고 동부와는 다르게 별도로 발달했어요. 예를 들어 동부의 요리가 좀 더 이탈리아나 프랑스에 받은 영향을 받은 전통을 고수한다면, 서쪽 특히 캘리포니아의 요리는 대체로 더 자유분방하고 우리로 치면 재료 본연의 맛을 살리는 요리가 발달했습니다. 그리고 엘리스 워터스가 세운 '셰 파니스'는 캘리포니아 요리 세계의 선구자적인 역할을 하죠. 저자인 사민 노스랏은 이 레스토랑의 대표 세프입니다. 요리에 관해 사람마다 저마다의 다른 시각과 방법들이 있습니다만, 사민 노스랏은 소금과 지방, 산, 열 이렇게 네 가지의 요리의 기본 요소로부터 접근을 시작하는거죠. 이 책은 그냥 책만 읽는 건 의미가 없죠. 제가 책을 읽어오시는 한 달 동안 이 책에 나오는 레시피를 따라해보는 과제를 드렸죠. 모두 너무 잘 해주셨어요. 일단 책을 어떻게 읽으셨는지 돌아가면서 편하게 얘기를 좀 해볼까요?

이하림 일단은 재밌었어요. 이분이 갑자기 깨달음을 얻는 그런 순간들. 아니면 본인의 어렸을 때 "이것의 시작은 나의 어렸을 때 경험에서부터 시작된다." 이런 부분들 재밌었고, 그리고 중간중간에 자기가 깨달음 얻는 그 '징' 하는 순간에서 얘기한 것들도 흥미로웠고요. 전반적으로는 뭐랄까… 레시피 북이지만, 굉장히 재밌는 서사가 있는 책이었고요. 그리고 무엇보다 저는 이거를 읽으면서 제가 '오!' 한 것들이 많았어요. 여전히 열원은 너무 어려운 부분이지만 소금, 지방, 산에 대해서 이분이 서술해 놓은 걸 보면서, 이를테면 일단 재료를 익히는 물에 넣는 소금은 바닷물과 같은 농도여야 된다는 게 '정말 소금을 이만큼을 넣어도 될까?'라는 생각이 들었거든요. 그런데 막상 시키는 대로 해보니까 너무 맛이 있어서 놀라웠던 경험들? 그래서 이 책은 사실 저한테는 너무 정말 별거 아닌 것 같은, 이분도 얘기했지만, 모두가 알고 있지만, 아무도 가르쳐주지 않았던 그런 것들. 그게 저한테는 커서 엄청 유익한 책이었고, 요리를 하고 싶지만 어렵다는 사람한테 추천해 주고 싶은 책이에요.

물론 뒤에 있는 레시피는 한식 위주의 삶을 사는 사람에게는 크게 도움이 안 되는 부분도 많고 또 재료 자체가 이분한테 엄청 쉽게 구할 수 있는 재료일 수 있으나 우리에게는 쉽게 구하지 못하거나 혹은 너무 비싸거나 할 수 있다. 그래서 어쨌든 저는 소금 부분에서 가장 크게 와 닿았고요. 저의 요리 실력에 새로운 장을 여는 느낌. 아스파라거스를 그냥 바닷물 같은 농도에 삶기만 했는데도 너무 맛있어서 남편을 불러서 '먹어봐, 먹어봐' 이럴 정도로. 삶는 데 있어서 소금이 이렇게 크게 중요하구나! 이렇게 하면 다른 양념을 세게 할 필요가 없구나. 그리고 파스타를 하면서 느꼈던 거는 소스에 간을 많이 할 게 아니구나. 그래서 저는 정말 약간 충격을 많이 받았던 것 같아요. 정말 재밌었어요.

이용재 열원은 사실 이따가 또 기회가 되면 얘기하겠지만, 우리의 사실 주택이나 주방 환경이 그렇게 열을 쓰게 안 돼 있어서 그래요. 사실 저 같은 경우도… 그러니까 여기에서 열을 쓰려는 방법 중에 제일 우리가 적용할 수 있는 거, 그게 이제 프라이팬 닭을 때 기름이 정말 거의 연기가 나기 직전까지 달구라고 하죠. 원경 님은 댁에서 그렇게 하세요?

송원경   아니요. (웃음)

이용재   그러니까 그 정도로 달구게 되면 일단 걱정이 돼요. 내가 이렇게 달궈도 되나? 애초에 이 책이 나온 미국의 주거 공간의 구조와 한국은 많이 달라요. 일단 서양 주거 공간은 넓은 단독 주택인 경우가 많고요. 다른 유명한 요리책 저자들의 요리 시연을 보고 있으면 제일 부러운 게 저도 미국에 살아봐서 알지만 공간입니다. 공간이 엄청 넓기 때문에 환기에 그렇게 크게 신경을 안 써도 되거든요. 그러면 하림 님은 이 책이 지금까지의 요리 경험과 비교해 꽤 도움이 많이 되셨나보네요?

이하림   네. 제 기준에선 새 장을 열었죠. 이 분이 얘기한 것처럼 소금, 지방, 산, 열을 계속 되뇌며 요리를 하면 좀 더 한 단계 업그레이드된 요리를 할 수 있겠구나. 일상생활에 그래서 이 책의 레시피보다는 이 앞부분에 설명된 소금, 지방, 산, 열에 대한 부분이 앞으로 내가 요리를 하는 데 있어서 굉장히 큰 도움이 되겠구나. 그런 생각이 들었어요.

이용재   그렇죠. 예를 들어서 지금 봄이니까 나물들이 굉장히 많이 나오는 철이잖아요. 그러니까 소금을 잘 쓰는 것만으로도…. 정말 한식은 대체로 우리가 양념으로 맛을 들이는 식문화잖아요? 게다가 밥을 먹는 문화들은 대체로 특히 점도가 있는 숏 그레인 라이프라고 중립종, 단립종 쌀을 먹는 문화는 밥에 간을 안 하니까, 우리가 그런 맛 내기의 어떤 문법에 익숙해져서 사실 양념에 간을 한다고 생각하기 쉽죠. 그렇지만 이렇게 소금을 좀 더 적극적으로 쓰는 것만 잘 적용을 해도 음식 맛이 굉장히 달라지죠.

이하림 엄마들하고 얘기해 보면 나물 삶는 걸 제일 어려워하거든요. 근데 이런 방법을 적용하면 나물 맛을 내는 일도 아주 어렵진 않겠구나! 왜냐하면 간을 맞추는 게 제일 어려우니까요.

이용재 실제로도 그래요. 삶을 때도 저도 어느 정도냐면, 제가 항상 그런 얘기를 하거든요. 그러니까 우리가 소금을 손으로 집어넣는 습관적으로 소금을 넣는 양보다 한 발짝만 더 써도 맛이 달라진다고 얘기를 하는데, 그거는 저처럼 서양에 있을 때 음식을 집중적으로 한 사람, 또 서양 음식을 집중적으로 먹었던 사람, 그래서 다른 기본적인 우리 문화권에서 비교할 때 소금에 대한 역치가 높은 사람인데도 실제로 집에서 음식을 했을 때 만족도가 있는 정도로 소금 간을 하려면 실제로 제가 습관적으로 넣는 것보다 더 넣어야 하더라고요. 그래서 그 정도만 우리가 이 책에서 깨달음을 얻어도 일상에 정말 큰 도움이 될 거라는 생각이 들어요.

이하림　정말 이 책을 산 것이 아깝지 않아요. 소금에 대한 부분만으로도 이 책을 산 게 아깝지 않을 정도.

이용재　잘 만든 책이에요. 이 손글씨도 다 사람들 써서 했더라고요. 대단한 것 같아요. 한 가지 아쉬운 점은 이 책에 맞추면 거기에 안 맞춰도 될 콘텐츠들도 다 들어간단 말이죠. 그래서 어쩌면 이 책이 한 절반 정도의 콤팩트한 책이었으면 오히려 상시 주방에 두고 기본 레시피들만 만들 수 있는 레퍼런스로 굉장히 잘 작용을 했을 것 같은데, 뒤에 레시피로 접어들면서 붙임성을 스스로 버리는 느낌도 있어요. 레시피도 흥미로웠지만 없거나 줄였으면 책의 접근성이 더 높았을 것 같아요. 남윤 님은 어떻게 읽으셨나요?

김남윤　저도 재미있게 읽긴 했는데요, 칸트 책보다도 더 어렵게 읽었습니다. 그러니까 어렵다는 게 일단 기본적으로 요리를 잘 안 하고, 사먹다 보니까 이 내용 자체가 저는 신선했어요. 보통 식당에서 먹거나 아니면 마트 가더라도 완제품이나 가공된 걸 사다 보니까 실제로 어떻게 조리가 되고 만들 수 있는지를 실질적으로 처음 접했던 책인 것 같아요. 모임장님이 샐러드랑 드레싱 만드는 과제를 내주셨잖아요. 사실 저는 살면서 단 한 번도 드레싱을 만들어 먹는 거를 전혀 생각 못하고 살았거든요. 병에 든 완제품을 사는 게 당연했는데, 책을 보니까 만드는 방법도 다양하고 생각보다 많이 어렵진 않더라고요. 그래서 저는 이 책의 레시피를 읽고, 직접 과제로 해보는 과정 자체가 신기했고, 일단 흥미가 생기니까 재밌어지더라고요.

또 저자가 이야기하는 것처럼 본인도 처음부터 요식업계에 있던 사람이 아니라 개인적인 경험으로 요리에 빠져든 과정을 이야기하다 보니까 일반인들도 충분히 관심 가질 만한 콘텐츠지 않나 하는 생각을 하게 됐어요. 한 가지 약간 아쉬웠던 건, 책에서 아까도 이야기 나왔지만 서양 중심의 레시피랑 식단이기 때문에, 예를 들어서 열 파티에 나오는 오븐이라든가, 이 뒤쪽에 200쪽 넘어가서 나오는 레시피들 보면 실제로 당장 구하기 어려운 재료들이 많더라고요. 그래서 이거를 만약에 저 같은 초심자가 바로 시도하기에는 조금 어려운 면도 있을 것 같아요. 그리고 저자가 소금, 지방, 산, 열의 기본적인 이 속성들을 자유롭게 활용하면 얼마든지 다채로워질 수 있다고 얘기하는데 사실은 그걸 자유자재로 다루기까지 또 기본적인 요리에 대한 개념들 익히고, 손이 또 익어야 하니까 저 같은 초심자는 따로 또 요리를 막 부딪혀 가면서 해보고 나중에 이 책을 다시 읽는 게 좀 도움이 더 되지 않을까? 그런 생각이 들더라고요. 그래도 저는 재미있게 읽고, 또 흥미로웠지만, 실용적인 측면에서는 경험이 있는 분들이 읽을 때 더 빠르게 흡수되고 응용이 되지 않을까? 그런 생각을 하게 됐습니다.

이하림 그래도 이걸 알고 시작하는 것과 모르고 시작하는 건 천지 차이라고 생각해요.

이용재 맞아요.

이하림 왜냐하면 제가 40년 동안 모르고 살다가 이제야 깨달음은 얻은 것처럼 이 모든 걸 알고 시작하는 건 정말 큰 것 같아요.

이용재 사실 우리 남윤 님은 맨날 요리 안 했다고 하시지만 지울 수 없는 취사병의 과거가 있잖아요. 그래서 사실 제가 지금 이 말씀 들으면서도 '겸손하시다' 왜냐면 음식 사진 올리신 거 보니까 엄청나더라고요! 완성도도 높고 잘하셨더라고요. 다들 잘하셨지만 그래서 요리를 그렇게 해보시니까 어떠셨어요?

김남윤 오랜만에 칼을 잡다보니까 익숙한 느낌이 났고. 일단은 뭔가를 만들어서 내놓는다는 것 자체가 그냥 즐겁더라고요. 그러니까 이게 마치 무슨 예술 작품이나 그림처럼 내가 내 손으로 뭔가를 한다는 즐거움이 있고,

사실은 이게 또 과제여서 그랬던 것 같기도 해요. 만약에 제가 혼자 살면서 매 세끼를 해야 하는 상황이라면 이게 또 귀찮아지고 그랬을 텐데, 이건 어쨌든 독서를 통해서 시도하다 보니까 좀 약간 환기도 많이 되는 것 같고 그래서 저는 재밌었어요

이하림 혼자 드셨어요?

김남윤 가족들이랑 나눠서 먹었죠.

이용재 잘하셨네요. 과제를 내드려도 안 할 수 있죠. 왜냐하면 강제성은 없었거든요.

이하림 그랬어요? (웃음)

이용재 이게 제가 과제를 내드리는 이유는 일단 요리책인데 글을 읽는 것도 좋지만 직접 음식을 해보지 않으면 얘기가 안 되기 때문에 과제를 내드렸습니다. 근데 여러분들이 해서 보낸 과제를 보고 제가 깜짝깜짝 놀랐어요. 이게 쉽지 않거든요. 원경 님은 어떻게 읽으셨어요?

송원경 저는 저번에도 말씀드렸지만, 워낙에 '셰 파니스' 레스토랑 만든 앨리스 워터스 팬이니까.

이용재   직접 가보셨죠?

송원경   네. 저는 10년 전에 가봤는데 너무나 새로운 거예요. 근데 마지막에 충격이었던 건 디저트 시켰는데 만다린 어쩌고 그걸 시켰거든요. 그랬더니 우리나라 유기제기 위에 귤 하나 올라와 있는 거예요.

이용재   까서 먹어야 되는 거예요?

송원경   예. 귤을 제가 직접 까먹어야 했는데, 그걸 메뉴라고 가져와서 '이건 뭐지?' 싶었어요. 그때는 '돈 아까워. 이걸 내가 왜 시켰지?' 했는데, 주방 투어를 하는데 다른 식당의 주방에 비해서 여자 요리사들도 많고, 주방이 살아 있더라고요. 무엇보다 재료가 너무 좋았어요. 그리고 셰프가 엄청 많더라고요.

이용재   사람이 엄청 많죠.

송원경   사람이 엄청 많았어요. 그래서 되게 이상했는데 이 책을 보면서 약간 그런 궁금증도 풀렸고요. 또 중간중간에 '이것만은 아끼지 말자'는 식재료들을 저자가 언급하잖아요. 저도 요리를 해봤을 때, 파르미지아노 레지아노 치즈나 올리브유 같은 건 정말 좋아야지 음식 맛을 확 돋아주거든요. 그런 것도 그렇고, 레몬과 라임 같은 것도 사실 즙 내는 게 확실히 다르잖아요.

이용재 제가 한국에 2009년에 왔을 때 사실은 충격받았어요. 왜냐하면, 라임이 아직 없었고 그때 라임이 아직 수입이 제대로 안 되고 있었고, 사람들이 통에 든 즙을 써도 괜찮다고 생각하더라고요. 전 되게 충격받았어요.

송원경 그래서 또 여기에 있는 내용이 너무 딱 맞고, 정말 직접 만든 닭육수를 썼을 때 그 맛이 너무나 좋은 걸 아니까. '야 이거 진짜 정리 잘했구나!' 그래서 이 책이 읽다 보면 중간중간 너무 괜찮은 내용들이 많더라고요. 정말 볼 때마다 좋은 책이라고 느꼈습니다.

요리할 때 레시피를 본다는 의미

이용재 레시피에 관한 얘기를 좀 해볼까요? 이 책은 음식 책이면서 레시피 책이기도 합니다. 물론 우리가 보통 아는 한국의 레시피 책과는 좀 다르죠. 우리가 아는 레시피는 보통 볼 때 1번, 2번, 3번 이런 식으로 돼 있으면, 이것을 계속해서 한 줄 읽고 요리를 만들고, 한 줄 읽고 요리를 만드는 방식으로 쓰이죠. 이런 책들을 읽으면 레시피가 요리의 모든 과정을 설명해줄 수 있을 것 같은데, 사실 그렇지가 않아요. 레시피가 친절할 수는 있지만 모든 것을 얘기해 줄 수는 없죠. 그러니까 레시피가 애기하는 것이 있지만, 레시피가 애기하지 않는 것이 있는데 그 애기 하지 않는 것이 왜 애기하지 않는지와 그다음에 그것들을 어느 정도 내가 갖추고 있어야 한다는 거죠. 물론 내가 요리에 관한 경험이 0의 상태일 때는 어떻게 시작하느냐는 의문을 가질 수가 있는데 저도 그랬던 사람으로서 대부분 레시피를 여러 번 읽는 걸로 해결이 되는 것 같거든요.

제가 좋아하는 미국 요리 연구자이자 음식 책 필자 중에 마이크 룰먼이라는 사람이 있어요. 근데 이 사람도 조리학교에서 기본을 공부하고 와서 계속 기본만 애기하는 사람인데, 레시피는 어떤 우리가 모형 조립, 프라모델 같은 것들을 조립할 때 쓰는 설명서나 매뉴얼이 아니다라는 애기를 해요. 이 책이 딱 그렇게 되어 있죠. 즉 1번, 2번, 3번 이런 식이 아니라 레시피를 전부 연속적인 과정으로 생각해서 이것을 쭉 읽고 계속 머리에서 시각화를 하라는 거예요. 그러니까 비스킷을 굽는 과정이라고 하면 비스킷은 기본적으로 즉석 빵, 퀵 브레드니까 밀가루에 베이킹 소다를 넣어서 부풀리는 거고, 그걸 반죽을 만드는 버터를 넣든지 해서 버터를 반죽에 비벼 넣어가지고 우유나 버터 밀크를 붓고, 걔를 뭉쳐서 잘라서 오븐에 굽는다. 이렇게 생각하고 세부 사항들은 여기서 보고 온도나 이런 것들은 생각을 해야 되는 거죠.

그래서 저는 이 책의 레시피를 보면서 많은 생각이 들었어요. 세심하고 친절하다는 게 뭘까? 그런 생각이 들더라고요. 그래서 레시피가 '요리 한 장면이 스냅 사진으로 여길 필요가 있다' 저는 이 말도 틀린 건 아닌데 오히려 레시피는 하나의 이야기라고 생각해요. 하나의 서사. 시작이 있고, 끝이 있고, 우리가 그 과정을 어떻게 갈 것인가. 아마도 영상이라는 거는 사실 그렇게 스냅 사진을 연속으로 있는 걸 쭉 연결하면 결국 영상이 되잖아요? 그러한 의미로 받아들이는 게 좋지 않을까. 그래서 대체로 이 레시피들이 그렇게 친절하지 않다는 우리의 공감대 형성이 되고 있는데, 그렇다면 과연 이 저자가 놓치고 있는 건 뭘까 생각해 볼 필요가 있는 거죠. 제가 드린 과제가 이 레시피를 따라서 요리를 해보시라는 거였죠? 모두 어떠셨나요?

이하림 저는 처음에 책을 넘기다가 이게 레시피인지도 몰랐어요. 제가 생각할 때 익숙한 레시피는 1번, 2번, 3번, 4번 순서가 있고, 완성된 사진이 딱 있고, 이후에 주의해야할 점 같은 걸 집어주는 게 제가 아는 레시피북인데, 그냥 설명이 굉장히 많은 책이라고 생각한 거죠. 근데 나중에 읽다 보니 제가 그냥 본문에 섞여 있는 글이라고 생각한 게 모두 레시피였던 거예요. 확실히 눈에 안 들어오긴 했어요.

이용재 글씨도 작고.

이하림   글씨도 작은 데다가 눈에도 안 들어오고. 그래서 일단 처음에는 어떤 요리를 할까 하고 보면서 재료만 봤죠. 그러고 나서 요리를 하려고 읽어 보니까 한 번 읽고, 다시 한번 더 읽어도 설명이 길어서 정말 눈에 안 들어오더라고요. 그래서 레시피 자체가 친절한데, 불친절하게 느껴졌어요. 과한 친절함이 불편한 느낌? 최근에 새로 개업한 소아과를 갔는데 선생님이 너무 친절한 거예요. 너무 과하게 친절하셔서 그게 너무 불편하게 느껴졌었거든요. 내가 원한 건 이 정도까지는 아닌데 그런 느낌이었어요.

이용재   보통 이런 책들은 기본적으로 그러한 기본들을 말하는 레시피들을 독자들이 한번 봤으리라고 또 생각하는 지점이 있는데, 이 책은 그게 없다고 가정하고 쓰인 것 같아요. 근데 오히려 그 점에서 좀 실패한 게 아닌가.

이하림   오븐을 쓰는 요리도 했다가 제과 제빵도 있고 샐러드도 있고 요리도 있고 이러다 보니까. 이게 대상이 누구인 거지? 앞에는 요리를 안 해본 사람을 대상으로 한 것 같았는데, 뒤에는 너무나 요리해 본 사람, 그러니까 설명 자체는 친절할지 모르겠지만 이 레시피 자체가 '요리 경험이 있는 사람만이 할 수 있는 것 아닌가?'라는 생각이 들었어요. 근데 또 요리 경험이 있는 사람에겐 별 게 아닌데, 설명이 너무 복잡하게 되어 있는 것들도 있었고요. 그렇지만 일단 최대한 책에 있는 레시피대로 해보려고 시도를 많이 해봤는데, 아스파라거스는 너무 맛있더라고요.

이용재   아스파라거스 680g.

이하림   네, 그래서 680g을 사니까 그게 2만 원 돈이 되더라고요. 근데 '정말 울고 싶다' 이럴 정도로 맛있긴 했어요. 남편도 '너무 맛있다!'라고 얘기했고요.

김남윤   저도 비슷하게 느꼈어요. 친절하긴 한데, 이게 요리 초보를 위한 친절함은 아닌 것 같은 느낌도 들고, 일단 저는 이것도 조금 어렵긴 하더라고요. 요즘은 사실 사진하고 영상을 기준으로 많이 보다 보니까 이렇게 글로 설명이 돼 있을 때가 오히려 좀 추상적인 느낌이 드는 거예요. 그래서 사실은 요리책이나 이런 데 보면 한 톨, 다져서 얼마, 얇게 썰기, 큰 술, 작은 술 이렇게 나오는데 '이게 그러면 정확히 몇 인분을 기준으로 했을 때 얼마만큼 만들 때 이거라는 거지?' 하면 계속 의문이 드는 거예요. 이거 내가 제대로 준비한 게 맞나? 그래서 처음에는 이걸 보다가 뭔가 좀 부족한 느낌이 들어서 인터넷 찾아보면 거기 또 다 제각각인 거예요. '종이컵을 기준으로 하세요. 아니면 뭐를 기준으로 하세요' 이렇게 나오는데 거기는 그래도 대신에 사진으로 그걸 찍어놓으니까 대충 이 정도 양만 내가 사면 맞겠구나. 너무 많이 안 사도 되고. 근데 이 책은 그거를 줄 글로 다 설명을 하려고 하더라고요.

이하림 맞아요. 차라리 초보한테는 1, 2, 3, 4가 나을 수도 있어요.

김남윤 그래서 읽다가 이게 맞나 근데 이거 뭐 알아서 손질하라는 것 같은데? 이 내용이 앞에 책에서 나왔나 이렇게 계속 넘겨보다가 이거만으로 하기에는 뭔가 좀 부족할 것 같아서 저는 인터넷에 나와 있는 거나 유튜브 같은 걸 찾아봤어요. 개인적으로는 친절하게 설명은 했으나 요리를 처음하는 입장에서는 오히려 이것도 좀 불친절한 점이 좀 있었던 것 같아요.

이하림 그리고 저는 읽으면서 계속 컵 얘기가 나오는데, "컵이 이게 미국 컵일까?" 이런 의문이 들었어요.

이용재 미국 컵이에요.

이하림 그래서 이거 미국 책이니까 미국 컵이겠지 하고.

이용재 저도 그 부분이 약간 아쉬운 번역이긴 했어요. 기본적으로 번역할 때는 컵 단위를 같이 써주면 안 돼

요. 왜냐하면 그 컵이 다 미국 컵이거든요. 그래서 요즘
은 미국에서도 레시피들을 다 계량으로 한단 말이에요.
미국 책들을 번역할 때는 그 자료들을 인터넷에 찾아봐
야 되는 번거로움이 있는데 보통 그럴 때는 '반 컵'이라
는 계량 자체를 번역할 때는 없애버려야 돼요. 그래야지
헷갈리지 않아요.

이하림 그래서 어쨌든 이 책을 보면서 이게 미국 컵이
얼마였는지 다시 찾아보게 됐죠. 이게 미국 책이니까 미
국 컵이겠거니 싶으니까. 왜냐하면, 번역가 그렇게 친절
하지 않았을 것 같더라고요.

이용재 책이 친절하지 않다는 생각은 번역 때문에 그럴
수도 있을 것 같아요. 이 저자는 기본적으로 천성이 착
한 사람 같아요. 열심히 쓴, 그니까 이 사람 사진 찾아보
면 금방 딱 느낌이 나오잖아요. 굉장히 좋은 의도로 이
레시피를 쓴 거예요. 근데 제가 보기에는 역자가 요리를
안 한 것 같아요. 백설탕을 과립당이라고 해놓은 거 보
고 깜짝 놀랐어요. 그게 그래뉼레이티드 슈가잖아요. 근
데 그냥 백설탕이 다 우리는 그래뉼레이티드 슈가, 과립
당이 있는데 그냥 백설탕 해놓으면 되는데 과립당이라
고 해놓으면 과립당이 뭐지 이렇게 되잖아요.

이하림 그렇게 되어 있으면, '구할 수 없는 건가?'라고 생

각하게 되죠.

이용재 　실은 백설탕인데, 뭔가 다른 재료인 것 같잖아요.

송원경 　보면서 원서는 어떻게 돼 있을지 궁금했어요.

이용재 　원서는 괜찮을 거예요.

송원경 　저는 요리책도 써봤으니까 어떻게 만들어지는지는 조금 알아요. 레시피를 만드는 게 상당히 힘들거든요. 2번부터 해도 상관 없는데, 요리책에서는 또 순서대로 해야 하고, 그 순서에 맞춰 촬영을 하니까 정해진 대로 만들어야 하고요. 또 사진 촬영을 위해서 레시피 자체가 바뀌는 경우도 더러 있고요. 그래서 여기 레시피 전개하는 스타일이 저는 좋았고, 저는 언제부터인가 레시피를 책대로 하진 않아요. 책을 보고 그냥 '이거 들어갔구나' 이러고 내 마음대로 하는 거죠. 그래서 저는 이렇게 삽화만 넣어놓고, 순서 없이 줄글로 설명해놓은 방식이 좋더라고요.

이하림 　근데 번역이 문제인지 모르겠지만 자꾸 두 번 세 번 읽게 되더라고요.

이용재 　제가 추측하기에는 요리를 안 해본 사람이 번역하면, 보통 레시피 번역하려면 머리의 흐름을 딱 요리를 내가 하는 느낌으로 번역을 해야 하는 게 있어요. 그게 말로는 미묘한데 번역해보면 느낌이 있거든요. 근데 아마 그거를 몰랐던 것 같아요. 원경 님은 책에 나온 레시피 따라해보신 거 실제로 음식 드실 때는 어떠셨어요? 마요네즈나 드레싱도 만드셨잖아요.

송원경   맛있었어요. 여기서 하라는 대로 따라 했었거든요.

이용재   원경 님이 하셨던 거에 비하면 어떤가요? 그러니까 간이 더 세게 드나요?

송원경   간이? 그냥 뭐 비슷했어요.

이용재   비슷하셨어요?

송원경   네. 아니 근데 그 파스타 삶을 때 농도 정도는 사실 제 것보다 이 책이 2배는 더 넣죠.

이용재   어떠셨어요?

송원경   근데 그냥 이게 맞겠거니 하고 넣죠. 그리고 제가 이태리 가서 이렇게 요리 수업 듣고 이러면 걔네들은 항상 저한테 '소금 더 넣어라' 맨날 그러니까 그래서 '내가 소금량을 못 맞추나?' 항상 그런 게 있었거든요. 근데 더 넣으면 정말 짜서 못 먹을 것 같은데 하는데도 소금 더 넣으라 그러니까 셰프가 항상.

이용재 그래서 그런 거 드셔보시면 어떠셨어요?

송원경 저는 항상 짰죠. 그래서 애네들하고 기본적으로 맛 차이가 있다는 사실을 알고는 있었는데 또 그래서 그날 계량해봤더니 '내가 그동안 파스타 삶을 때도 기본적으로 반밖에 안 넣고 있었구나' 그거는 또 알았었어요. 근데 이번에는 이거대로 파스타를 해서 남편한테 줬더니 짜다 그러더라고요. 제가 항상 기본적으로 하던 거에 비해서는 짰겠죠.

이하림 저는 여기 있는 레시피로 하니까 확실히 소스의 간을 거의 안 하게 되더라고요.

이용재 저는 그게 제일 궁금했어요. 그러니까 저 같은 경우에는 사실 이런 레시피들 보면 익숙하거든요. 근데 '익숙하지 않은 분들이 이걸 따라서 음식을 했을 때 어떠한 반응일까' 우리가 그 얘기를 책에다가 담는 게 재미있겠다. 그런 생각을 한 거죠.

송원경 소금물부터, '소금물을 이렇게 끓이지?' 이럴 수도 있죠.

이용재 그런 의미에서 남윤 님은 어떠셨어요? 물론 남윤 님도 취사병 출신이지만요. (웃음)

김남윤 저도 그래도 따라했는데요. 제 입맛에 딱 맞더라고요. 저는 또 아무래도 밖의 음식을 많이 먹다 보니까 입맛이 약간 짜졌지만, 저희 어머니는 음식을 또 굉장히 싱겁게 드세요. 소금 간도 사실 좀 약한 편이고, 저희 어머니, 그러니까 외할머니 외할아버지가 외가 쪽이 다 황해도라 굉장히 심심하게 드세요. 그래서 지난번에도 잠깐 말씀드렸었지만, 저희 어머니가 시집을 오시기 전까지 제육볶음을 하얗게 드셨대요. 전혀 맵지 않게 드시고 지금도 사실 입맛이 싱거운 편이세요. 그래서 배달 음식 먹거나 외식하면 굉장히 짜가지고 힘들어하시고 그런데, 그래서 집밥도 약간 슴슴한 편이에요. 항상 이렇게 먹을 때. 여기 보면 파스타에도 면수할 때 소금도 굉장히 넉넉하게 넣으라고 막 이렇게 나오잖아요. 제가 이렇게 소금 집어서 이렇게 넣었는데 이게 그렇게 많이 들어가야 되는 거냐고 물어보시는 거예요. 그래서 이게 보니까 '유튜브 보니까 이탈리아 사람들이 이거보다 더 넣더라' 그래서 '그냥 한 번 먹고 또 해봐야지' 해서 먹었는데 저는 그냥 입맛에 딱 맞더라고요. 이렇게 후추도 다른 데보다 많이 쓰고 소금도 좀 많이 넣었는데 적당하게 짭 조름하고 입맛에 맞고 어머니도 그렇게 막 짜다고 안 하 시더라고요? 그러니까 막 거부감 없고 그냥 '이 정도면 먹을 만하지 않나?' 약간 그런 것도 있었어요.

이용재 한국 음식이 아니어서 그런가? 그러니까 맛을 내는 방식이 달라서. 같은 소금 간이라도 사실은 왜 그 렇게 파스타에 소금 간을 많이 하는가? 물을 그렇게 짜 게 하는가? 왜 그러냐 하면은 원경 님은 아시겠지만, 기 본적으로 그 밀이 되게 단단한 밀이잖아요. 그 단단한 밀을 굉장히 수분을 적게 넣고 반죽을 만들어서 면을 뽑 아요. 압출로 뽑잖아요. 그게 굉장히 단단할 거예요. 반 죽이. 그래서 거기에다가 소금을 넣으면 글루텐이 더 발 달합니다. 더 딴딴해지니까 이게 그니까 우리가 연질 밀 이라고 그러죠? 우리가 일반적으로 먹는 연질밀은 이렇 게 질겨지지만, 걔는 그냥 딱딱하게 끊어져 버려요. 그 래서 아마 굉장히 단단하니까 조리할 때 소금을 많이 넣 고 그 정도 삶아야 하는 게 아닌가. 실제로 예를 들어서 카펠리니 같은 경우는 소금을 넣어도 큰 의미가 없어요. 왜냐하면, 2분 안에 삶잖아요. 그래서 크게 그렇게 소금 간을 하는 의미가 없더라고요. 그렇게 소금을 짜게 잡아 서 삶아도 싱거워요.

이하림 저도 '정말 소금을 이만큼 넣어도 되나?'라고 반신반의하며 파스타를 만들었지만, 막상 결과물은 아주 좋았고요. 그래서 가끔 뭔가 내가 파스타 집에 가서 여기서는 맛있고 여기는 맛없다고 느끼는 게 어쩌면 이렇게 면과 소스가 따로 노는 그 느낌 때문이었겠구나라는 생각이 들었어요. 그리고 바닷물 같은 소금물에 삶은 아스파라거스도 딱 너무 간이 좋았어요. 삶았을 때 먹었을 때 그냥 정말 아무 간을 하지 않았던 맨입에 먹었을 때 너무 맛있었고, 그다음에 여기서 산 레드 와인 비네그렛 드레싱하고 이렇게 맛을 봤는데 '너무 신 거 아닌가?'라고 생각이 들었는데, 이 모든 게 다 들어갔을 때는 아주 조화롭고 좋았습니다. 그리고 너무 궁금해서 저는 이분이 다이아몬드라고 표현한 소금 샀어요.

이용재 코셔 소금이요? 그거를 직구하셨어요?

이하림 네, 직구했어요.

이용재 한 번 써보세요. 코셔 소금 저도 좋아하는데 그렇게 직구해서 쓰고 싶지는 않아서… 얘기 나온 김에 좀 사야겠다.

이하림 1.36kg에 배송비까지 2만 3천 원 줬네요.

이용재 원래 진짜 싼데.

이하림　그러니까요. 그래도 똑같은 제품이 5만 원대까지 있었는데 제일 싼 데서 구매했어요. 이 책 덕분에 소금에 대해서 생각이 많이 바뀐 것 같아요. 그래서 요새는 밥할 때 소금을 넣고 있어요. 저는 원래 밥할 때 다시마를 넣었는데, 거기에 소금을 더 첨가하니까 밥의 향이 되게 좋아지고, 맛이 달더라고요. 그리고 사실 마크로비오틱에서는 실제로 음양의 조화라고 해서 쌀에 소금을 넣으라고 하거든요.

이용재　아~ 음양의 조화.

이하림　쌀은 음이고 소금은 양이라고, 넣으라고 하는데, 그때는 한꼬집만 넣었거든요. 이번에 좀 과감하게 넣었더니 풍미가 확 느껴지더라고요.

어떻게 요리를 시작하게 되었나요

이용재　얘기를 듣다 보니 궁금해지는 게, 두 분은 요리를 오랫동안 해오셨잖아요. 요리를 어떻게 시작하게 되셨어요? 저는 잠깐 얘기한 것 같은데 모든 과정이 다 독학이었거든요. 어릴 때 저는 만드는 걸 좋아했지만 특히 음식 만드는 데 관심이 많았어요. 근데 그것은 한편으로 나중에 어른이 돼서 돌아보면 결국 좋은 거라고는 할 수 없었던 것 같은데 친할머니가 음식을 엄청나게 많이 하셨어요. 그래서 명절만 되면 한과도 하고, 떡도 하고 그러니까. 유과도 직접 튀겼고, 아직도 기억나는데 조청을 집에서 직접 달였어요. 그게 참 저한테 어떻게 보면 경험적인 자산이었다고 생각을 하는데, 그거를 주로 할머니 혼자 하신거죠. 그러니까 이게 말이 안 되죠. 정작 명절이 되면 할머니는 식사를 제대로 하시지도 않았어요. 그런 것들을 보고 자랐기 때문에 저는 '음식이라는 게 이런 거구나!'라는 거를 좀 알게 됐거든요.

그렇지만 사실 어머니한테 배운 거는 거의 없어요. 왜냐하면, 어머니도 바빴기 때문에 어머니가 '야, 너 이리 와 봐. 네가 관심이 있으면 이렇게 보고 해봐라' 이런 거는 가르쳐준 적이 없고 다만 몇 가지 한 게 한 9살 때부터 라면을 끓여 먹었고, 그다음에 아직도 기억이 나요. 마카로니 샐러드를 고등학교 때 처음으로 만들었는데, 어머니가 먹어본 후 '이거는 간을 해야 맛있다'라고 하더라고요. 근데 나중에서야 알게 된 게 마요네즈에 간을 하는 게 아니라, 마카로니 자체를 바닷물처럼 짠물에 삶아야 되는 거였죠. 그걸 알면서 고등학교 때 라면이 파스타가 됐어요. 그래서 고등학교 때부터는 파스타를 만들어 먹었고, 그다음에 군대에서 제가 보급, 군수 보급을 했거든요. 그게 식품이었어요. 그래서 그때 많이 접했죠.

그러면서 본격적으로 음식을 한 거는 미국에 가서 그냥 먹고 살아야 되니까? 처음에는 뭐를 배우지도 않고 했어요. 근데 한식은 그렇게 해도 되죠. 자취할 때도 했으니까. 한식은 그렇게 해도 대강 그냥 카레 같은 거 대충 만들면 그냥 물 붓고, 감자 좀 넣고, 끓이고 이렇게 하면 되잖아요? 근데 그렇게 먹기 위한 음식 말고 요리 채널들을 취미로 보기 시작했는데 미국의 채널들이 많습니다만, 요리 채널들을 보기 시작하니까 음식을 만들어보고 싶은 거예요. 멋진 셰프들이 나와서 파티 형식으로 요리하는 영상을 보여주고, 그 영상에서 나온 음식의 레시피는 홈페이지에 올라와 있고. 홈페이지에서 다운을 받아서 레시피를 읽어보고 음식을 하는데 그때는 연습이 많이 필요하겠더라고요. 그래서 그때는 어떻게 했냐면 주말에 종일 요리를 했어요. 한 오후 3시부터 자정까지 한 적도 있어요.

그러니까 빵부터 굽는 거예요. 빵부터 반죽해서 그리고 나중에 디저트도 만들고. 그때 좋은 레시피가 무엇인가에 대해서 고민을 많이 해서 아까 말씀드린 '아메리카 테스트 키친'이라는 홈페이지의 레시피들을 집중적으로 보기 시작했죠. 일종의 실험을 계속 했는데, 애플파이를 만든다 그러면 애플파이 레시피들을 몇십 개 모아서, 그걸 다 해봤어요. 그래서 이거는 왜 되고, 이거는 왜 안 되고, 이런 것들을 추려내서, 그 추려낸 지식과 정보를 모아서 다시 하나의 레시피를 만들었죠. 그래서 그렇게 그 레시피로 공부를 한 거예요. 요즘 쓰는 말로 약간 부트 캠프처럼 요리를 한 거죠. 목요일, 금요일에 장을 다

봐놓고 정리한 후에, 토요일에는 정말 집에서 8~9시간 씩 요리만 한 거예요. 그거를 바탕으로 많이 이해했죠. 그래서 레시피만 있으면 요리를 할 수 있게 됐고 그래서 지금까지 먹고 살고 있습니다.

이하림 저는 4살 때부터 엄마가 일을 시작하셨는데, 12살 때 저를 봐주시던 이모님이 갑자기 그만두시게 됐어요. 엄마가 사람을 더 쓰겠다고 했는데 '내가 혼자서 할 수 있다' 그래서 그때부터 뭔가 라면도 끓이고, 달걀 프라이도 하고 이렇게 시작을 한 거죠. 그러다가 엄마가 하는 걸 어깨너머로 보고 처음으로 해본 게 엄마 생신 미역국이었는데 완전히 미역볶음을 해놓고. (웃음)

이용재 네. 그러면 레시피를 안 보신 거죠?

이하림 미역 포장의 레시피가 있어요. 근데 저는 20인분 이라는 말을 안 믿은 거죠. (웃음) '어떻게 이게 20인분이 야! 말도 안 돼!'라고 생각을 해서 그 미역을 전부 불린 게 패착의 원인이었는데, 그러면 그 불린 미역 일부만 쓰면 되는 거였는데 이걸 일부 남겨서 뭐 해야 될지 몰랐기 때문에 그때는 그걸 다 넣고 뭘 해보겠다고 하니까 미역볶음이….

이용재 그래서 어머니랑은 어떻게 해결하셨어요?

이하림　엄마가 나눠서 물을 더 붓고 더 양념을 넣으셔서 해결했죠. 그때 한 일주일도 넘게 미역국만 먹었던 기억이 나네요. 그런 것들을 겪으면서 서서히 배운 거죠. 맞벌이 가정이니까 집이 빌 때가 많아서 친구들이 자주 놀러왔거든요. 그러면 라면도 끓여주고.

이용재　네 라면도 레시피 읽고 하셨어요?

이하림　아니요. 라면은 순간에 레시피 없이 하게 됐고, 애들이 많이 먹을 때니까 물만두도 넣고, 그다음에 수제비도 넣고 이렇게 하면서 끓여주게 된 거죠. 그래서 주로는 라면을 많이 끓여줬고, 그리고 떡볶이도 해서 먹고 뭐 그랬죠.

이용재　그걸 다 레시피 없이 그냥 하신 거예요?

이하림　처음에는 이곳저곳에서 참고했죠.

이용재　뭘 참고하셨어요? 처음에는?

이하림　떡볶이 같은 경우에는 엄마한테 물어보는 거죠. '엄마 떡볶이는 어떻게 해?' 그러면 엄마가 직접 보여주시거나 아니면 엄마 하는 걸 옆에서 보면서 '아 저렇게 하면 되는구나!' 알게 됐죠.

이용재   간은 어떻게 맞추셨어요? 근데 간 맞추기가 쉽지 않았을 텐데?

이하림   먹어보면서 하는 거죠. 근데 그때는 간 맞추기라는 건 되게 추상적이었어요. 예를 들어서 떡볶이를 했는데 짜다 물 넣고, 싱거우면 고추장 더 넣고, 간장 조금 더 넣고 이런 식이었죠. 그렇게 하다 보니까 어느 순간에 김치찌개도 하고, 된장찌개도 하게 됐어요. 그러다 스물두 살 때 외할아버지, 외할머니랑 같이 살게 됐거든요. 그래서 당시에 엄마가 안 계실 때 제가 할아버지, 할머니 점심이나 저녁 같은 걸 챙겨드렸는데, 그때부터 요리라는 걸 좀 더 하게 된 거죠. 그리고 할머니가 좋아하는 음식들도 더 많이 하게 됐고요.

이용재   어떤 거예요?

이하림   저희 할머니가 일본 유학을 하셨어서 평소에 주로 일본 가정식을 많이 하셨거든요. 할머니가 일본식 계란찜을 엄청 좋아하셨어요.

이용재   차완무시요?

이하림   네. 처음에는 너무 어렵더라고요. 근데 잘 할 수 있게 된 거예요.

이용재 어떻게 할머니한테 얘기를 들은 거예요?

이하림 할머니가 방법을 설명해 주셨죠. 이렇게 하는 거라고.

이용재 계란 얼마에 물을 얼만큼씩 넣고….

이하림 네, 다시마로 육수를 내고, 설탕도 좀 넣고, 거품을 없애고, 찜기에 찌는 거죠.

이용재 거품 어떻게 없애요?

이하림 일단 탕 치고, 그다음에 일단 설탕을 넣으면 좀 거품도 가라앉고 뭐 이런 것들을 할머니가 얘기해 주신 거였죠. 그리고 어느 정도 개가 단단해지면 그 위에다 고명을 얹기도 하고. 그리고 위에는 쿠킹 호일을 덮으면 더 잘 익는다, 계란을 이렇게 찔러봐라 이런 것들을 가르쳐주신 거죠. 그래서 할머니가 좋아하는 음식들 위주로 잣죽 이런 것도 하고. 그래서 잣죽을 아무 생각 없이….

이용재 잣을 갈아야 되는 거 아니에요?

이하림 네. 아무 생각 없이 잣죽을 압력 솥에 했다가 완전히 집을 잣죽 범벅을 만들어서….

이용재 왜 터졌어요? 잣이 터지나?

이하림 아뇨. 잣죽이 너무 묽어서 걔가 다 위로 솟은 거죠. 그래서 그때 망연자실했던 기억이 나네요.

이용재 밸브에서 같이 올라왔나요?

이하림 너무 많았던 거죠. 양도 많고, 걔가 그렇게 부르르 끓을 줄도 몰랐고 그런 여러 가지를 겪고, 결국에는 결혼하면서 내 주방이 생기니까 그때부터는 좀 약간 본격적으로 레시피를 보면서 요리를 했던 거죠.

이용재 어떤 레시피들을 보셨어요?

이하림 남편한테 '뭐 먹고 싶어?' 그럼 남편이 예를 들어서 '연어 덮밥을 먹고 싶어' 그럼 연어 덮밥을 하고.

이용재 네이버나 이런 데서 보신 거예요. 인터넷에서?

이하림 그렇죠. 근데 제가 봐도 이건 좀 아닌 것 같다고 생각이 드는 건 또 안 따라하고요. 그리고 인터넷에 나오는 레시피들이 저한테는 대부분 간이 너무 세더라고요. 그래서 간을 좀 줄이고. 그런 식으로 제 입맛에 맞게 레시피를 활용했죠.

이용재 그럼 나중에 레시피를 구하시면 '여기에서 간을 얼마큼 줄여서 만들면 맛이 맞다' 그런 식으로?

이하림 네, 그런 식으로 제 입맛에 맞게 레시피를 활용했죠. 처음에는 다 그냥 레시피대로 했다가 지금은 대부분의 레시피에서 빼는 것들을 많이 하게 됐어요.

이용재 거의 레시피를 모아두시거나 책을 보거나 그러진 않으세요?

이하림 처음 딱 한 번 해본 것들은 모아두는데 자주 해 먹는 것들은 모아둘 필요가 없죠. 머릿속에 있으니까요.

이용재 그렇군요. 원경 님은 하실 말씀이 많을 것 같아요. 오히려 그걸 기대하고 있습니다.

송원경 제가 딸 넷의 첫째예요. 그러니까 아무래도 어려서부터 자연스럽게 요리를 좋아하게 되었던 것 같아요. 같이 떡볶이도 만들어 먹고 그랬고요. 게다가 저는 대학교도 가정교육과를 갔으니까요. 가정교육과에선 정말 요리를 다양하게 했거든요. 옛날 요리, 예를 들면, 구절

판 만들고, 양 대창도 다 씻어보고, 별별 요리들을 다 해 봤죠.

이용재 양 대창을 어떻게 씻어요? 밀가루로 씻어요?

송원경 네, 밀가루로 씻죠. 근데 대학교 1학년이 그런 게 얼마나 싫겠어요. 마스크 쓰고, 고무장갑 끼고, 끔찍하지만 다 해봤죠. 또 결혼해서도 계속 요리를 배웠는데, 저는 가르치는 것보단 계속 배우는 쪽이었어요. 가정 요리 선생님한테 배우러 가면 말하시는 거 다 적고….

이용재 다 적으셨어요. 레시피를?

송원경 저희 때는 적었죠.

이용재 지금 가지고 있으세요?

송원경 갖고 있죠. 옛날에 했던 거. 그리고 2001년부터는 제가 한 12년 정도 케이터링을 했어요.

이용재 오래 하셨네요.

송원경 제일기획 회사랑 직원들을 위한 케이터링을 매주 300인 분씩 다른 메뉴로 7년 동안 했거든요. (다른 사람들이 감탄함) 그러다 보니까 굉장히 많은 메뉴를 테스트할 수 있었던 거죠. 300인분을 매주 했으니까.

이용재　그럼 식사였나요? 간식?

송원경　네, 간식. 그래서 처음에는 오전 파티, 오전 식사였다가 그다음에 시간을 바꿔가면서 그냥 간식 정도로 하고, 외국인도 많고. 이렇게 행사 주제에 따라서 계속 바뀌었으니까 파티 겸 식사 겸 이렇게 했었죠. 그래서 그때 정말 힘들었지만, 많은 경험도 했거든요. 많은 사람이 좋아했고, 메뉴도 굉장히 많이 해서 장사해도 되겠다 할 정도로 했었고, 그다음에 2013년부터는 학교에 들어가서 가르치는 일을 했어요. 이렇게 요리에 관해 분기별로 나눠서 일을 진행해왔습니다. 그리고 지난주에 제가 학교를 정리했어요. 앞으로 한 1~2년은 다시 좀 배우는 시기를 갖고 싶거든요. 배우고, 여행하고 해서 그래서 사실 어느 쪽으로 가야 될지는 방향은 모르겠지만, 계절 건강식 쪽으로 하고 싶은 마음은 계속 있어요.

이용재　그럼 케이터링 그렇게 하셨을 때 레시피를 어떻게 구하셨어요?

송원경　레시피는 그냥….

<u>이용재</u> 생각나는 대로 하신 거예요?

<u>송원경</u> 그렇죠. 그렇게 해서 한 번 왜냐하면, 저도 그 전 기간에 수업을 많이 해봤잖아요. 그러니까 수업했던 레시피가 저한테 있으니까 이걸 해서 300인분으로 늘리는 게 문제인데, 초반에 그런 실수가 좀 있었죠. 그리고 조리 자체가 제가 무슨 공장형이 아니니까 스튜디오에서 직원들 3명 데리고 하고 했었으니까 그러니까 이게 조리법이 4인분 조리할 때랑 300인분 조리법이 다르잖아요. 미리 전처리가 다 되어 있어야 하잖아요. 그래서 힘들었지만, 꽤 의미 있는 기간이었고 그때 많이 배웠어요. 그때는 케이터러가 별로 없었던 시기기 때문에 거의 제가 좀 초반이었거든요. 재밌는 일을 했던 거죠.

<u>이용재</u> 저는 그런 지점이 궁금한 거죠. 그러니까 말씀 들어보면 음식이 어느 시점에서 이렇게 그냥 딱 되잖아요. 그냥 무에서 유가 나오는 느낌이라서 그러면 레시피가 없이도 하시는 거죠?

<u>송원경</u> 근데 저는 사실 워낙 여러 곳에서 많이 배웠어요. TV도 거의 요리 프로그램만 봐요. 〈알토란〉 이런 데서도 '저 사람은 저렇게 하네!' 이러면서 보게 되고, 이러면서 그냥 계속 그냥 제가 하는 거랑 비교가 되니까 그래서 한 번 해보고.

<u>이용재</u> 자연스럽게 뭐가 나오는 거군요.

<u>송원경</u> 네, 그렇게 다른 사람들이 하는 거 보면서 적어 놓고, 다음에 수업할 경우에 써봐요. 그래서 제가 자꾸 책을 써야겠다는 생각이 드는 게, 그러면서 저는 한 번 씩 정리가 되거든요. 수업하거나 학교 교재라도 만들면 정리가 돼서 그동안 생각만 했던 게 한 번 정리가 되니 까 좋더라고요. 사회에서는 그렇게 요리를 했어요.

동그랑땡을 오븐에 넣는다고?

<u>이용재</u> 제가 원경 님한테 궁금했던 건 그런 거예요. 지 금 말씀하시는 것처럼 원경 님은 계속 요리를 해오셨던 분이니까 시각이 또 두 분하고는 많이 다를 수 있다고 생각하거든요. 책에 대한 감상도 그렇고. 예를 들어서 갈비찜 같은 경우 저는 한식의 조리를 양식에 어떻게 접 목하냐 그럴 때, 예를 들어서 이탈리아 스튜가 우리나라 의 갈비찜 같은 느낌이잖아요? 근데 걔네는 스튜 같은 걸 어떻게 해서 먹냐면, 보통 고기를 국물이랑 같이 한 번 딱 다 끓여서 몇 시간, 한 3시간 정도 끓이죠. 그다음 에 국물을 걸러서, 국물만 따로 졸여서 그렇게 해서 고 기랑 소스를 이렇게 나중에 슥슥 끼얹어서 먹잖아요. 우 리처럼 국물이 엄청 많진 않고 그래서 옛날에 갈비찜을 그렇게 해봤거든요. 우리 같은 간장 베이스로 해서. 또

그 서양 요리에서 항상 특징은 시어링을 한다는 거잖아요? 그래서 갈비를 시어링을 해서, 그러니까 팬에다 지져서 해봤거든요? 근데 그게 또 묘하게 간장만으로 할때 또 묘하게 느낌이 좀 다르더라고요.

이용재 근데 또 그렇게도 많이 하잖아요. 맛있으니까. 그리고 형태를 유지하기 때문에 훨씬 보기가 좋고.

이하림 그렇죠, 그래서 어느 쪽이 더 맛있게 느껴지셨어요?

이용재 그게 그러니까 토마토 베이스로 할 때랑 와인이나 토마토 베이스로 할 때랑 또 간장 베이스로 할 때랑 느낌이 달라서. 토마토나 와인으로 할 때는 그냥 서양식으로 쭉 가는 게 좋은데 또 이렇게 그냥 간장 베이스로 할 때는 한식 조리법을 따르는 게 좀 좋은 것 같기도 하고… 그러니까 맨날 헷갈려요! 왜냐하면, 소갈비뿐만이 아니라 돼지갈비도 고민을 많이 하거든요. 근데 보통 갈비찜을 집에서 먹고 싶다 할 때 3시간, 4시간 끓이면 이미 식욕이 날아가잖아요. 그래서 보통 요즘은 약간의 타협점을 찾아서 압력솥에 일단 끓여요. 그래서 양념을 같이 해서 압력솥에 끓이고. 근데 압력솥은 사실 갈비 같은 거 30분이면 무르잖아요. 그래도 좋지만 그렇게 양념이 양념이 강하게 배지 않으니까 그거를 한 1시간 정도 졸여요. 그니까 뚜껑을 열고 그래서 압력을 빼고 한 30분 정도 졸여요. 근데 그게 3~4시간 끓인 거랑 흡사하냐? 그렇지는 않지만, 약간의 타협점을 찾는 거죠. 안 그러면 안 해 먹으니까 저 같은 경우에는. 그래서 사실 제가 《한식의 품격》이라는 책을 썼을 때 마지막에 한식의 발전을 위해서 20가지의 어떤 아이디어를 추려서 정리했는데 그중에 하나가 '오븐 사용을 적극적으로 하자'였어요.

송원경　저도 그거 보고 공감했어요. 너무 맛있어져요.

이용재　맞아요. 우리가 기본적으로 오래 끓이는 음식들이 있는데 그것을 직화로 바닥만 데우는 것보다 전반적으로 음식을 공간을 다 같이 데우면 그 조리의 효율도 좋고, 열을 쓰는 거에 비해서 음식이 훨씬 맛있어지잖아요.

송원경　모양도 예쁘고요. 제가 전을 그렇게 하거든요. 동그랑땡이나 이런 거 할 때 약간 도톰하게 해서 일단 지지면 다 오븐에 넣어요. 되게 맛있어요. 근데 어른들이 보면….

이하림　뭐 하나 그러죠! (웃음)

송원경　물론 한 번 드셔본 분들은 항상 너무 맛있다고 그러세요. 저는 사실 그 조리법 주변에 많이 전파하거든요.

이용재 정말 도톰하게 막 이렇게 꼭 누르지 않고 가볍게 이렇게 햄버거 패티 하는 것처럼 해가지고 살짝 앞뒤만 지어서 오븐에 넣으면 정말 맛있죠.

송원경 제사 음식을 다 그렇게 오븐을 사용하면 굉장히 맛있어져요.

이하림 맛있겠다 진짜.

송원경 집에 냄새 많이 안 나고.

이용재 사실 한식에 관해 저는 이론적인 얘기는 할 수 있지만, 요리사가 아니니까 실제적인 얘기를 하진 않는 건데요. 제가 하는 게 맞지 않다고도 생각하고요. 근데 누군가 해줬으면 좋겠다는 생각은 많이 해요. 혹시 신선로 드셔본 적 있으세요?

김남윤 아뇨. 먹어본 적은 없어요.

이하림 저는 있어요. 상견례할 때.

이용재 옛날에는 사실….

송원경　만들었죠.

이용재　네, 그런 가족 잔치에 신선로가 올랐거든요. 근데 요즘은 정말 고급 레스토랑, 한식 레스토랑에서 내는 정도? 그런데 이게 우리가 한식이라 생각하면 원경 님이나 저는 그런 걸 생각할 텐데, 모던 한식 같은 거 생각하잖아요. 그런 점이 좀 아쉽기도 하죠. 왜냐하면, 이런 책을 바탕으로 한식을 우리가 좀 더 현대적으로 바꾼다고 할 때 현대적으로 바꿀 대상이 되는 게 어떤 것이냐는 중요한 문제입니다. 저 같으면 말씀하신 것처럼 동그랑땡 집에서 부칠 때, 오븐을 쓰거나, 가스레인지 아래에 붙어 있는 브로일러 등에 굽는 것처럼 조리 방식에 현대적으로 접근하는 게 한식을 현대적으로 접근하는 거라고 생각합니다.

송원경　아, 가스레인지 안에 있는 거?

이용재　네, 불이 위에서 내려오는 거라 또 그렇게 구우면 생선이 맛있는데 어느 순간 다 없어졌어요.

이하림　저희는 아직도 있어요.

이용재　그니까 이 브로일러가 옛날에는 가스레인지에 달려 나오는 기본 옵션에 가까웠거든요. 근데 그게 다 없어졌더라고요. 그래서 이제 그런 것들을 보면서 제일 크게 드는 생각은 2023년에도 한식의 현대화를 얘기해야 한다는 것 자체가 좀 그렇기는 하지만, 그 대상이 무엇일까에 대해서… 방법론은 사실 다 있다고 생각해요. 그러니까 저는 어떻게 생각하냐면, 한식 조리법이 한식에 적용하는 조리의 원리가 따로 있고, 양식에 적용하는 조리의 원리가 따로 있다고 생각은 안 해요. 다만 그 문법의 차이는 있을 수 있지만. 여기에서 소금, 지방, 산, 열을 얘기하면 우리도 소금, 지방, 산, 열을 얘기할 수 있는 거고. 그러한 과정에서 서양이 조금 더 앞서서 조리 문법을 체계화하고 검증을 했기 때문에 우리가 그것을 잘 가져다 쓰기만 하면 된다는 입장인데 사람들은 또 생각이 달라요. 그러니까 뭔가 제가 글을 쓰면 그러한 저항이 제일 많이 부딪히는데, 뭔가 한식을 위한 조리법은 특화된 조리법이 따로 있다는 거죠.

송원경 그렇게 생각하는 사람들이 많죠.

이용재 네, 왜 국이나 찌개는 꼭 팔팔 끓인 채로 내야 하는지, 그런 온도 개념부터가 전 이해가 안되는 게 많아요. 지금 백인이 서양 요리하는 콘텐츠는 미국에서 더 이상 안 먹혀요. 한 10~15년 전부터 그렇게 되고 있고. 그렇다 보니까 비백인이 자기네 요리 세계를 얘기하는 단계로 넘어간 거예요. 지금은 그다음 단계에서 비백인이 미국 음식인 거죠. 그러니까 자기네들은 유럽 음식을 한다고 생각하겠지만, 제가 보기에는 미국 음식들입니다. 그리고 지금이 사실 한 7~8년 전부터 시작해서 한국 차례가 온 거예요.

그러니까 중동, 베트남, 중국 등 별별 세계 요리들을 미국이 돌아가면서 소비했거든요. 유행처럼. 물론 그 유행이 지나간다고 해서 그 식당이나 음식들이 없어지지는 않지만, 이제 그 유행의 차례가 한국에게 온 거죠. 그래서 지금 한국의 '비비고 만두' 이런 것들이 미국 코스트코에 엄청나게 입점되어 있고, 한국식 치킨도 엄청 많이 팔리거든요. 근데 사실 한국 치킨이 서양 치킨보다 더 맛있냐 하면, 저는 잘 모르겠어요. 한국 닭들은 서양 닭보다 작아요. 살도 빈약하죠. 근데 엄청나게 큰 서양 닭들을 한국식으로 만들 때 폭발적인 맛을 내는 거죠. 미국 여행 가셔서 한식이나 중식, 특히 짜장면이나 순두부 같은 음식 드셔보시면 충격 받아요. 예를 들어서 작년인가 재작년에 LA 소공동 순두부 설립자가 세상을 떠났는데, 그 굴비 튀김하고 뚝배기에 솥밥이 나오는 문법도 사실은 미국에서 나온 한식 레시피죠.

그런 차례가 돌아와서 심지어 요즘은 한류 아이돌의 인기를 얻고 떡볶이가 먹힌다고 하더라고요. 근데 사실 떡볶이는 저도 5~6년 전에 인터뷰하면 '떡볶이는 안 된다!'라고 했거든요. 왜냐하면, 떡이 너무 질기고 끈적해서 서양인들이 좋아하는 식감이 아니거든요. 근데 내가 좋아하는 K-팝 아티스트가 먹으면 그게 먹히는 거예요.

이하림   그 아티스트가 먹는 게 너무 궁금한 거죠.

이용재   그런 시기가 됐기 때문에 저는 지금 한식이 분기점에 있다고 생각해요. 여기에서 어떻게 갈 것인가가 중요한데 그런 상황에서 저는 평론가니까 약간의 비판적인 접근이 필요하다고 생각합니다. 특히 조리 문법 같은 경우에는 외국인들이 집에서 흉내라도 한식을 내서 먹을 때 떡볶이를 해먹는다거나, 아니면 김치볶음밥을 해먹는 시대가 됐거든요. 제가 보는 유료 레시피 사이트가 있어요. '아메리카 테스트 키친'이라고 거기에서는 사실 서양 음식, 프라이드 치킨, 애플 파이, 이런 것들을 일반 가정의 요리사들이 실패하지 않고 만드는 법에 대해서 고민을 많이 하거든요. 그래서 레시피를 좀 더 쉽게 다듬는다든지 그래서 항상 그것을 제가 저의 요리에 기반이 된, 이 책처럼 저의 요리에 기반이 된 레시피들이 '아메리카 테스트 키친'인데 그거를 제가 거의 20년 가까이 가고 있거든요. 근데 드디어 요즘은 치킨을 넘어서 김치볶음밥 같은 것들을 만들고 있더라고요. 정규 편성을 보여주고 있는데, 과연 우리는 또 그런 레시피들을 보면서 고민을 해야 되는 거죠. 서양인들이 자기네 형편에 맞춰서 레시피들을 다듬어서 그렇게 콘텐츠로 만들 때 우리는 또 어떤 방향으로 가야 되는가. 그러니까 그 사람들이 그렇게 만드는 목적은 접근성이거든요.

예를 들어서 우리는 불고기를 우둔살 이런 걸로 하잖아요. 그런데 대체로 다 이렇게 얇게 저며져서 깨끗하게 동글동글하게 말아서 팔아요. 근데 미국인이 불고기를 해 먹고 싶을 때 그러한 고기를 사려면, 그렇게 손질된 고기는 한국계 또는 아시아계 식품점에만 가야 되잖아요. 그게 없으니까 얘네가 립아이를 덩어리로 사서, 그것을 냉동고에 30분 넣어놓으면 이렇게 약간 딱딱해지잖아요. '그래서 식칼로 얇게 썰어서 하면 된다' 이런 걸 보여주더라고요. 저는 이런 조리 방식의 접근성에 관해서 이제 우리가 고민해봐야 한다고 생각합니다.

이하림　근데 아까 원경 님도 잠깐 말씀하셨지만, 듣고 나니까 정말 이 책 같은 느낌으로 한식을 풀어낸 책이 있으면 좋겠네요. 《소금 지방 산 열》에 해당하는 한식의 굉장히 기초적인 걸 다루고, 그다음에 뒤에는 기본적인 한식 레시피들이 나오면 좋을 것 같아요. 정말 지금이 좋은 타이밍인 것 같은데, 이럴 때 하나 딱 나오면 터지지 않을까 하는 생각이 들어요.

이용재　근데 나오면 아마 사람들 싸울 거예요. '누가 한식을 이렇게! 이게 한식이야!' 이러면서. 왜냐하면, 그게 저도 정말 제 홈페이지에 1년에 100만 명 오고 막 엄청 욕 먹고 페이스북에서 그런 일들을 겪으면서 생각해 보면, 사람들이 이거를 대체로 고양이 목에 방울 달기 같은 일로 생각을 하는데 누가 또 방울을 달아도 성질을 내요. 한식이라는 게 그냥 원경 님이 말씀하신 것처럼 애가 얘기했는데 아닌 것 같으면 '넌 그렇게 해라' 그러면 되는데, 그렇게 잘 안되거든요. 제 책에 그런 서평도 있었어요. '오븐 쓰라고 해서 코웃음을 쳤다' 오븐 쓰라고 그랬다고 욕을 해 서평에!

송원경 아니 그러니까 왜 꼭 힘들게 만들어야 되냐고요.

이하림 말이 안 되는 거잖아요. 전을 오븐에 굽는다는 아주 좋은 정보를 여기서 얻어갑니다.

송원경 정말 편해요. 색도 예쁘게 나오고.

이하림 속까지 얼마나 잘 익겠어요.

송원경 요리가 이렇게 결합이 되면 더 좋잖아요.

이용재 원리를 적용하면 되는데 그게 참 쉽지가 않아요.

요리하는 삶

이용재 이제 시간도 다 됐고, 마지막으로 정리 토크 좀 할까요? 이 책 읽고 어떠셨는지, 그리고 모임 참여하시면서 어떠셨는지 간단하게 얘기해보면서 끝낼게요.

이하림 일단 방금 얘기 나온 것처럼 한식이 붐이니까, 사람들한테 한식을 이 책처럼 소개할 수 있는 레시피북이 있었으면 좋겠다는 생각이 먼저 들어요. 지금 영국에서도 한식 바람이 불긴 해요. 제 친구 중에 둘이 영국 남자랑 결혼했거든요. 그래서 영국에 사는데 아주 그냥 요즘에 난리도 아니라고. 떡볶이든 토스트든, 그게 뭐든 한식이면 대박난다는 거예요.

이용재 그렇다고 하더라고요. 한식 차례가 온 거고, 외국인들한테는 소비할 게 생긴 거죠. 근데 어떻게 됐을 때 정말 한식이 세계화 됐다고 볼 수 있을까요? 아마 두 가지 정도 조짐을 통해 볼 수 있을 거예요. 첫째로 외국에 한식집이 한인타운을 넘어서 다른 곳에도 많이 생기고, 둘째로 한국에서 한식을 전문으로 하는 외국인 셰프가 나오는 거죠. 그러면 또 다음 단계로 넘어가겠죠.

송원경 옛날에 우래옥, 뉴욕 우래옥처럼.

이용재 그게 아마 그렇게 될 거예요. 남윤 님은 어떠셨어요?

김남윤   저도 재밌게 잘 읽었고요. 앞선 두 모임이 이론 적인 내용들이라면 이번엔 실습 같은 느낌이어서 균형 감 있었다는 생각이 들었어요. 또 이 책 자체는 좀 어렵 고 생략된 부분도 있고, 어떤 건 복잡한 부분도 있는데, 간단한 것부터 하면 차례차례 다음 단계로 넘어갈 수 있 지 않을까, 그런 마음을 갖게 돼서 꽤 의미 있는 시간이 었습니다. 스스로 요리를 더 많이 하게 되었다는 데 큰 의미가 있는 있는 것 같아요.

이하림   대미를 장식한 책이었어요.

이용재   《푸드랩》과 《음식과 요리》라는 책은 모임 끝나 고 한번쯤 읽어보시면 좋을 것 같아요. 번역 수준은 좀 안 좋습니다. 《푸드랩》 같은 경우는 이 책보다 더 서양 의 일상 요리를 하시고 싶으실 때 여러분들한테 도움이 될 책이예요. 《음식과 요리》는 모든 음식에 대한 이론의 기초 서적이죠. 백과사전 같은 책이라 재밌진 않은데 예 를 들어서 우리가 왜 설탕을 끓이면 나중에 캐러멜이 될 까? 이런 것들이 궁금할 때 그 답을 말해주는 책이예요. 이제 마치면 될 것 같네요. 수고하셨습니다.

음식, 내가 섭취한 것의 결정체
이하림

나는 80년대에 태어났다. 엄마는 제왕절개의 후유증으로 수유가 불가능했고, 나는 분유를 먹으며 무럭무럭 자랐다. 당시에는 지금처럼 이유식에 대한 가이드가 존재하지 않았고, 적당히 미음을 먹고, 적당히 진밥을 먹고, 적당히 쌀밥을 먹었다. 하지만 불행하게도 나는 편식이 심했고, 엄마는 나를 잘 먹여보기 위해 부단히 노력했지만 매번 허사로 돌아갔다. 그리하여 나의 가장 오래된 먹을 것에 대한 기억은 엄마의 밥이 아닌 네 살 무렵 먹었던 거버의 주스나 과일퓨레 같은 것들이다.

그래도 다행인 것은 맞벌이인 우리집에 네 살부터 열두 살까지는 이른바 도움을 주시는 이모님이 계셨던 것이다. 급식세대도 아니어서 좋든 싫든 밥, 국, 3찬 정도의 공들인 도시락을 매일 먹었고, 주기적 용돈을 받았던 열한 살 이전에는 주전부리도 별로 하지 않고 점심과 같은 제대로 된 저녁을 먹었다. 물론 주말에는 외식을 하긴 했지만 당시에는 배달 문화도 패스트푸드도 발달하지 않아서 건강에 나쁘지 않은 꽤 그럴싸한 식사를 하곤 했다.

그러나 문제는 열세 살부터였다. 이 시점부터 나는 식

사를 하기보다는 때우는 일이 잦아졌다. 아침을 거르기 시작했고, 점심은 매점에서 우유나 빵을 먹었으며, 엄마는 저녁거리를 준비해 두고 출근을 하셨지만 자연스레 친구들과 라면이나 패스트푸드로 저녁을 대신하는 일이 잦아졌다. 그러나 이건 그저 서막일 뿐이었다. 열여섯 살에 영국 유학을 가게 되면서 나의 식습관은 급격히 나빠졌다. 아침에는 우유에 시리얼을 먹고, 점심에는 햄과 치즈만 들어간 샌드위치에 콜라, 저녁에는 피쉬 앤 칩스, 케밥, 스테이크와 튀긴 감자, 미트 소스 스파게티를 주로 먹었다. 편식을 하던 시절에는 키도작고 몸집도 작아 문제였지만, 이 시기에는 급격히 큰 키만큼 체중도 늘었다.

열일곱 살에는 다시 한국으로 돌아왔지만 입맛은 여전히 영국에서 머물렀다. 아침엔 시리얼―엄마는 그나마 아침을 먹는다며 대견해하셨지만―, 점심엔 샌드위치, 저녁엔 내집처럼 맥도날드에 들렀다. 그리고 고3 수험생이 되었을 때는 움직임마저 줄어 공처럼 굴러다니지 않은 게 다행일 지경이 되었다. 그렇게 바라고 바라던 이십 대가 되었건만 어느새 음식은 나의 적이 된 후였다. 연애를 해보겠다고 단식원, 한의원, 비만 관리업체며 단일 음식 다이어트, 클렌징 다이어트등 시도해보지 않은 다이어트가 없었다. 이 때 그나마 효과를 보았던 것은 덴마크 다이어트(저탄, 저염 다이어트)와 내 몸을 움직이는 운동 뿐이었다. 결국 십 대에 내가 먹어온 것들이 나를 괴롭히게 된 것이다.

그렇게 다이어트로 점철된 이십 대를 지나 삼십 대가 된 나는 가장 친한 친구와 카페를 차리게 되었다. 친구는 건선의 치료를 위한 채식을 하고 있었고, 멸치 육수 정도만 허용하는 페스코 베지테리언이었다. 덕분에 채식의 '채'자도 몰랐던 내가 채식 카페의 공동 운영자가 되었다. 콩고기 불고기, 두부 스테이크, 탕수 버섯을 즐기게 되었고, 마크로비오틱과 사찰 음식을 배웠으며, 채식 디저트를 연구하기 시작했다. "야, 우유, 달걀, 버터 없이 케이크를 만들면 누가 먹으러 오냐?"고 했던 내가 우리 카페의 디저트에 가장 열광했고, 주중에만 채식주의자였던 나는 건강을 해치지 않으면서도 가지고 있던 고질적인 문제들—역류성 식도염, 소화불량, 복부팽만 등—을 해결하면서 체중까지 줄어드는 아주 이상적인 상태를 유지하게 되었다. 자의로 선택한 것은 아니었지만 이때가 음식과 나의 황금기 아니었을까 싶다.

삼십 대 중반, 나는 결혼을 했고 가게를 정리했다. 신혼의 대부분이 그렇듯 열심히 요리를 했지만 이내 외식의 삶으로 접어 들었고, 타성에 젖을 때 즈음 아이가 찾아왔다. 그리고 코로나의 시대가 열렸다. 남편은 기약 없는 재택 근무에 들어갔고, 아이가 있는 우리에게는 집밥의 선택지 밖에 없었다. 아이가 먹는 것은 내가 먹는 것과는 또 달라서 재료를 고르는 데 더 많은 공을 들였고, 간은 덜 했으며, 몸에 안 좋은 것은 일체 배제했다. 아이의 어린이집을 결정할 때에도 먹거리를 가장 최우

선 순위에 두었다. 그런 점에서 부모가 조합원이 되어 아이의 먹거리를 결정하는 공동육아 어린이집이 나와 가장 맞았다. 자연스럽게 우리가 섭취하는 것의 영양이나 재배 환경, 그것이 내 식탁에 오르기까지의 과정을 궁금하게 되었다. 어느새 식사를 때우는 삶에서 능동적으로 식사를 결정하는 주체가 된 것이다.

나에게 음식은 행복이고, 누구와 먹느냐가 가장 중요하지만 이전과 달라진 점은 친환경적인 재료, 맛과 영양을 고려하게 되었다는 것이다. 빠르게 변화하는 시대, 음식과 나의 다음 장은 어떤 모습일까. 하지만 한 가지는 확실하다. 내가 먹는 것이 바로 나 자신이라는 점.

"I am what I eat."

먹는 우리
먹는 우리가 고민해야할 것들

초판 1쇄   2024년 1월 30일 발행

지은이   이용재, 김남윤, 송원경, 이하림
기획편집   맹준혁
디자인   조주희
마케팅   최재희, 신재철, 김예리
인쇄   한영문화사

펴낸이   김현종
펴낸곳   (주)메디치미디어
경영지원   이민주, 김도원
등록일   2008년 8월 20일 제300-2008-76호
주소   서울특별시 중구 중림로7길 4, 3층
전화/팩스   02-735-3308 / 02-735-3309
이메일   medici@medicimedia.co.kr
페이스북   medicimedia
인스타그램 medicimedia
홈페이지   medicimedia.co.kr

ISBN 979-11-5706-337-6 (04190)
     979-11-5706-335-2 (세트)

중림서재는 독서와 문화에 관해 더 나은 대안을 제시하는
메디치미디어의 브랜드입니다.